PETER MODLER
Die wunderbare Welt der Katholiken

Peter Modler

Die wunderbare Welt der Katholiken

Eine Art Liebeserklärung

FREIBURG · BASEL · WIEN

Alle Rechte vorbehalten – Printed in Germany
© Verlag Herder Freiburg im Breisgau 2007
www.herder.de

Umschlag: Finken & Bumiller, Stuttgart
Bilder im Innenteil: Archiv Verlag Herder, Freiburg

Gestaltung: Weiß-Freiburg GmbH – Graphik & Buchgestaltung
Herstellung: Himmer AG, Augsburg 2007

Gedruckt auf umweltfreundlichem
chlorfrei gebleichtem Papier
ISBN 978-3-451-32075-0

Inhalt

Vorwort 7

Kapitel I
Die Katholiken und ihre Seele 11

Kapitel II
Die Katholiken und ihr Glaube 37

Kapitel III
Die Katholiken und ihre Liebe 65

Kapitel IV
Die Katholiken und ihre heiligen Dinge 79

Kapitel V
Die Katholiken und ihr Personal 99

Kapitel VI
Die Katholiken und ihr Gottesdienst 121

Kapitel VII
Die Katholiken und ihre Gewohnheiten 135

Kapitel VIII
Die Katholiken und ihre Zeit 157

Abbildungsverzeichnis 186

Stichwort- und Namenregister 188

Vorwort

KATHOLIKEN ERSCHEINEN ihrer Umwelt manchmal nur mit Mühe verständlich. Erschwerend kommt hinzu, dass auch sie selbst oft gar nicht richtig ausdrücken können, warum sie so sind, wie sie sind. Vierzig Tage Fastenzeit? Wieso das denn? Sentimentale Gefühle im Mai? Kann bitte jemand sagen, was ein „Marienmonat" ist? Eine Geschichte besser finden als ein Argument? Ja, wie soll man sich denn da vernünftig unterhalten?

Wie kann man leben mit römisch-katholischen Zeitgenossen? Das fragen sich mitunter sogar die Menschen, die mit ihnen verheiratet sind. Zum Trost sei festgestellt, dass man ganz gut mit ihnen auskommt, wenn man ein paar Hintergründe kennt. Die bekommt man hoffentlich im vorliegenden Buch.

Natürlich ist die Welt der Katholiken nicht ausschließlich „wunderbar". Etwas Ironie darf hier mitgehört werden. Ich weiß ganz gut, dass es die Inquisition gegeben hat, ich weiß von den antisemitischen Strömungen, vom Verrat der Kirche an sich selbst, und ich finde ihn widerlich. Allerdings wäre es kindisch, Katholiken allein auf ihre Schattenseiten zu reduzieren. Das wäre eher ein zwanghaft verengter als ein sinnvoller Umgang mit Geschichte.

Unschuldige religiöse Traditionen kann ich nirgendwo ausmachen; übrigens auch nicht im Buddhismus. Statt sich darum von einer Kirche wie der katholischen fernzuhalten, wie es manche machen, weil sie lieber saubere Hände haben möchten als auf diesem Planeten zu leben, habe ich mich entschieden, in dieser Tradition auch dann zu leben, wenn es manchmal wehtut. Damit bin ich bisher ganz gut gefahren. Jede Generation muss sich von neuem darum streiten, worauf es in ihrer Zeit beim Glauben ankommt. Und trotz der manchmal unansehnlichen Schleppe, die die Tradition seit Jahrhunderten hinter sich herzieht, bietet sie immer noch soviel Freiheit, soviel Horizont und soviel Weisen der Gottesbegegnung an, dass sie auch im 21. Jahrhundert attraktiv bleibt.

Im folgenden Buch sind nur jene Stichworte erklärt, die das Leben der Katholiken von anderen unterscheiden. Zu jedem der Stichworte hätte man natürlich viel mehr schreiben können. Aber dieser Versuchung wollte ich gerade nicht erliegen. Eine Seite und Schluss. Vielleicht wundern sich manche, dass eigentliche Glaubensinhalte dabei nur ein Kapitel unter anderen darstellen. Aber tatsächlich handelt es sich ja bei diesen Katholiken gar nicht nur um einen Glauben, sondern auch um eine Kultur, um einen Geisteszustand. Der wirkt oft viel nachhaltiger als das, was man davon dann in einem ausformulierten Bekenntnis festhalten kann.

Ein Dialog funktioniert, wenn die Beteiligten wissen, wer sie sind. Wenn das nur der eine Teil weiß, wird es keinen echten Dialog geben können; dann würde von der einen Seite guter Wille, aber gar nichts Eigenes eingebracht. Etwas wenig.

Mir kommt es oft so vor, dass im ökumenischen Gespräch zwischen Katholiken und Protestanten, aber auch im interreligiösen Dialog etwa mit dem Islam, der Harmoniedruck zumindest auf einer Seite so groß ist, dass man bereit ist, alles hintanzustellen, was zu Auseinandersetzungen führen könnte, nur damit man sich schnell verständigt. Schnell war es dann auch meistens, aber Verständnis gab es recht wenig. Bestenfalls hatte man ein paar angenehme Gefühle. Am Ende tut sich mit so einem Verhalten keine der beteiligten Seiten einen Gefallen. Weil man seine eigene Tradition nicht ernst genommen hatte (man hat sie ja oft nicht einmal richtig gekannt), hat man auch das Gespräch über sie nicht ernst gemeint. Da kann sich dann derjenige Gesprächspartner, der wirklich mit Ernst bei der Sache war, nur vorgeführt fühlen. Dieses Buch soll auch ein kleiner Beitrag zum freundlichen Ernst sein, der im echten Dialog gebraucht wird, in aller Kürze.

Ich habe auch schon oft genug erlebt, wie provozierend es wirkt, wenn man sich zu einer bestimmten religiösen Tradition bekennt. Das gilt inzwischen fast als unfein und scheint allein schon den Verdacht der Intoleranz nahezulegen. In Wirklichkeit erweist sich an solchen bequemen Missverständnissen nur, wie tief unsere demokratische Streitkultur gesunken ist. Wie wollen wir Werte finden, die eine Zivilisation zusammenhalten, wenn man seine Überzeugungen verschweigt?

Natürlich ist für mich die katholische Tradition die beste, die wunderbarste. Sonst würde ich nicht dazugehören wollen. Deswegen bestreite ich aber nicht die Daseinsberechtigung anderer Traditionen, noch käme ich auf die Idee zwangsweiser Missionierung.

Die Welt der Katholiken hält Wunder für möglich, ist deshalb aber noch lange nicht wunderlich. Sie räumt der Vernunft einen größeren Platz ein, als man von außen glauben möchte, und ist bei allem Interesse an Moral, also einem guten Leben, zutiefst fehlerfreundlich. Ihr Grundgefühl ist Gelassenheit und Lebensfreude. Sie hat ein auffallendes Interesse an Symbolen. Sie kann im Konfliktfall ziemlich hart auftreten, wird aber dennoch durchzogen von einem tiefen Humor, weil sie die Welt, so schön sie ihr erscheint, nicht so bierernst nehmen muss, wie sich die Welt selbst nimmt. Das Universum der Katholiken hat ein etwas langsameres mentales Tempo als der gegenwärtige Mainstream, was alles in allem der nichtkatholischen Welt nur zum Vorteil gereicht. So bekommt sie nämlich einen Spiegel vorgehalten, den sie dringender braucht, als sie sich im atemlosen Wechsel gesellschaftlicher Moden eingestehen möchte.

Amoltern im Kaiserstuhl, Sommer 2007
Peter Modler

I

Die Katholiken und ihre Seele

Harmoniebedürfnis

MÖGLICHERWEISE eine typisch katholische Mentalpest. Erscheint anfänglich sogar sympathisch, kann aber leider furchtbare Folgen haben. Der moralische Anspruch auf Nächstenliebe, den viele Katholiken mit sich herumtragen (die andere Wange auch noch hinhalten, hieß es doch), kann sie in verstörende Sackgassen führen, sobald sie mitten in einem ernsten Konflikt landen. Meine Kollegin hat richtig Mist gebaut, aber sage ich ihr das? Dieser Typ, der sich in der Schlange an der Kasse nach vorne drängelt! Stelle ich den zur Rede? Als Katholik halte ich mich eher zurück. Da kann man doch von allein drauf kommen! Er/sie hat bestimmt irgendeine biografische Last zu tragen, die ich nicht kenne. Und als Christ soll man doch nicht aggressiv sein, stimmt's?

Unterlassen und Aussitzen können natürlich im Ergebnis genauso brutal und blutig sein wie eine bewusst eingesetzte Waffe. Das Harmoniebedürfnis der Katholiken ist der dunkle Bruder ihrer Caritas, der miese Schatten ihrer Friedfertigkeit.

Als vermeintliches Opfer fühlt man sich jenseitsmäßig natürlich auf der sicheren Seite. Jesus hätte sich wohl eher nicht zu diesem überaus harmonischen katholischen Milieu zählen wollen, und viele Heilige übrigens auch nicht. Thomas von Aquin wurde nicht müde, von der Pflicht zur geschwisterlichen Kritik zu reden. Viele Katholiken tun bis heute gern so, als wäre das ein Versehen gewesen.

Wunden

BEIM UMGANG MIT BILDERN neigen Katholiken allerdings zu erstaunlich wenig Harmonie. Sie scheinen sogar ein gewisses Faible für Wunden zu haben. Beim gekreuzigten Jesus auf Kitsch-Postkarten, bei Märtyrern und Heiligen auf großen Gemälden werden schrecklichste Verletzungen eigens herausgestellt. Selig sind die Blicke zum Himmel erhoben, aber dem heiligen Sebastian stecken die Pfeile doch ziemlich widerlich im Leib, der heiligen Katharina rinnt das Blut plastisch vom Halsstumpf.

Sind Katholiken allesamt verkappte Masochisten? Eigentlich nicht. Eher scheinen sie keinen Anlass zu sehen, um dunkle Seiten herumzureden. Grausam ist grausam, und Tod ist Tod. So ähnlich wie das bei Märchen funktioniert (deren scheinbare Grausamkeiten hyperkorrekte Eltern auch verschweigen möchten). Jesus ist eben tatsächlich gestorben, er hat wirklich gelitten, also warum so tun, als hätte er Schmerzen nur frömmlerisch wegmoralisiert? Leiden ist nun mal Leiden.

Der zweite Grund: Je drastischer die Leiden dargestellt werden, umso besser wird es danach. Je mehr tot, umso grandioser auferstanden. Das geht bis zum sarkastischen Witz in den Märtyrerlegenden. Der heilige Laurentius wird auf einem glühenden Rost gemartert, und was lässt ihn die Legende zu den Folterern sagen? „Ich bin auf der einen Seite durch, ihr könnt mich jetzt umdrehen." Schöngeistern erscheinen Katholiken bei einem solchen Umgang mit Wunden und Leiden manchmal wenig dezent. Was sie meistens kalt lässt.

Theater

KATHOLIKEN WERDEN MÄCHTIG angezogen von Drama und Theater. Ein guter Auftritt ist ihnen eine Menge wert. Es dürfte kein Zufall sein, dass Begriffe wie „fare bella figura" oder „faire bonne figure" aus zutiefst katholischen Kulturen kommen. Weihrauch für die Nase, Gesang und Orgelmusik für das Ohr, bunte Altargewänder für die Augen, Gold, Deckengemälde, Putten und Engel, die strenge Choreografie von Haupt- und Nebendarstellern im Altarbereich, die bühnenwirksamen Gesten des Segnens, des Hände-Ausbreitens, des Kniens, des Kusses, der Verbeugung und so weiter – einer ihrer großen Theologen sprach sogar vom Gottesdienst als „heiligem Theater". Die Oper konnte im Ernst nur in einer katholischen Umgebung entstehen.

Allerdings gilt es dem tiefen Missverständnis vorzubeugen, dass Katholiken den Inhalt des Theaters nicht ernst nehmen würden, weil sie auch seine inszenierte Gestalt schätzen. Weit gefehlt! Eine Wahrheit leuchtet ihnen einfach nur besser ein, wenn sie gut dargestellt wird.

Ein theatralischer Vorgang, der viele Menschen provozierte, waren die letzten Monate von Papst Johannes Paul II. Der Papst sank immer mehr in sich zusammen, seine Sprache wurde undeutlich, er näherte sich dem Tod. Aber er verbarg das alles nicht verschämt im bürgerlichen Wohnzimmer. Er stellte den Verfall seiner Kräfte geradezu aus und machte die Hässlichkeit eines sterbenden Leibes publik. Eine Zumutung? Nur für Nicht-Katholiken.

Modern sein

DAS WOLLEN KATHOLIKEN natürlich auch gern. In der Regel schaffen sie es mit einer Zeitverzögerung von ein paar Jahren gegenüber dem Rest der Gesellschaft. Es wirkt manchmal fast rührend bis tragikomisch. Denn wenn sie einmal etwas akzeptiert haben, halten sie auch viel länger daran fest als der Rest der Welt. Dort ist man längst auf einem neuen Trip.

Zu diesen Verspätungen kommt es darum, weil Katholiken manche gesellschaftlichen Entwicklungen auch nicht so schnell mitbekommen. Und weil ihr kirchliches Schiff einen langen Bremsweg hat.

Überraschungen stellen sich immer dann ein, wenn sie sich ungläubig als Avantgarde der Gesellschaft entdecken müssen. Während Katholiken ihren Rosenkranz noch in der Schublade verstecken, preisen ihn Esoteriker schon lange wieder als Mantra des Westens. Während Katholiken das strenge Leben in Klöstern als Selbst-Entfremdung verunglimpfen, werden diese Orte von Managern und Intellektuellen überlaufen – eben weil es da so streng zugeht. Während katholischen Kindern inzwischen von pädagogischen Kräften nur das beigebracht wird, was sie auch verstehen können sollen, erklärt die Hirnforschung, sprachliches Training wäre auch dann wichtig, wenn man noch nichts kapiert – und scheint damit abgelegte Gewohnheiten wie Katechismus und Auswendiglernen langer Gebete zu rechtfertigen.

Katholiken dürften ruhig mehr auf ihre eigene Tradition vertrauen. Dann wären sie ziemlich modern.

Bildervolk

KATHOLIKEN SIND EIN Bildervolk, kein Wortvolk. Sie haben nicht nur kein Problem damit, die menschliche Gestalt in ihren Kirchen auf vielfältige und farbenfrohe Weise darzustellen (im Islam etwa völlig undenkbar). Auch sprachlich sind sie auf Bilder geeicht. Scharfsinnige Argumentation mögen sie bewundern, aber das spricht sie weniger an als eine gute Geschichte. Das Leben einer oder eines Heiligen hat sie nicht umsonst von Kind auf begleitet. Jeder kennt die Szene, wie Martin seinen Mantel für den Bettler teilt; wie Antonius den Fischen predigt; wie Elisabeth den Korb mit Rosen trägt; wie Franz dem Wolf begegnet.

Botschaft und Bild sind bei Katholiken untrennbar zusammengewachsen. Bis heute ist typisch für sie geblieben, dass sie biblische Szenen kennen, lieben und sie auch nacherzählen. Aber wo genau das steht, weiß man nicht sicher. Bei vielen Protestanten wäre das ganz anders.

Weil Katholiken so bilderselig sind, haben sich Fastnacht und Karneval, Palmstecken am Palmsonntag, die weißen Kleider der Erstkommunion, die gotischen Kirchenfenster, die farbigen Gottesdienstgewänder, die Deckengemälde des Barock, Riten für Salz, Kerzen, Kräuter usw. entwickelt.

Der Hang zu Bildern ist nicht ungefährlich, weil er im schlimmsten Fall an die Stelle von kritischem Nachdenken tritt. Aber das muss nicht sein. Im besten Fall gehen Reflexion und Bilderkraft eine Verbindung ein, die Menschen Freiheit und Mut gibt. Und Katholiken bekommen ihre Neigung sowieso nicht aus dem Kopf.

Sünde

"WAS MUSS MAN DENN vor der Beichte tun?", fragte der Priester die Kinder vor ihrer Erstkommunion. Natürlich hatte er auf eine theologisch korrekte Antwort gehofft. Von einem kleinen Mädchen bekam er aber etwas typisch Katholisches zu hören. Was man vor der Beichte machen muss? – „Na, sündigen natürlich!" Genau.

Wenn Katholiken von etwas fasziniert sind, dann von der Sünde. Der Umgang damit wurde schon sehr früh zu einem Sakrament erhoben. In der Beichte können sich Katholiken von einem Priester dann von der Sünde lossprechen lassen, wenn sie das ehrlich bereuen, was sie getan haben, und den Schaden möglichst wieder gutmachen. Für schwere Sünden wie zum Beispiel Mord oder Genozid geht das allerdings nicht. Von anderen Konfessionen ist deshalb Katholiken oft Heuchelei vorgeworfen worden, nach dem Motto: Ihr meint das wohl gar nicht ernst mit der Sünde!?

Aber ob es so viel produktiver ist, seine lähmende Sündenlast das Leben lang mit sich herumzuschleppen? Nicht nur psychologische Profis bezweifeln das. Da haben es Katholiken einfacher, die ihre Sünde beim Priester zurücklassen können und nach einer angemessenen Buße neu anfangen können.

Welche Buße der Sünde angemessen ist, kann extrem unterschiedlich sein. Von ein paar Vaterunsern bis zum Abwandern des Jakobswegs oder der Sorge für das Opfer eines Unfalls ist alles möglich. Aber dann ist es auch genug mit Sünden-Fixiertheit, und man kann wieder aufrecht gehen.

Zweites Vatikanisches Konzil

EINES DER EINFLUSSREICHSTEN Konzilien der Kirchengeschichte. Es hatte lange genug gedauert, bis es so weit war. Das letzte Konzil davor lag schon fast einhundert Jahre zurück. Als dieses Konzil 1963 in Rom begann, hatte die Kurie im Vatikan bereits alles vorbereitet. Die Tagesordnung war festgeklopft, unliebsame Themen schön ausgesondert. Aber was dann geschah, war völlig unvorhersehbar.

Denn die Bischöfe der Welt rebellierten gegen die Bürokratie. Es gab so viele Proteste gegen die vorgesehene Verharmlosung, dass Papst Johannes XXIII. den Bischöfen recht gab. Die Tagesordnung wurde umgeworfen, und es begann eine freie Diskussion.

Als das Konzil 1968 zu Ende ging, waren die Ergebnisse überraschend. Das Ordensleben war gründlich reformiert worden; die Messe konnte in der Landessprache gefeiert werden; nichtchristliche Religionen galten nicht mehr einfach als simples Heidentum, sondern als Gesprächspartner; der Stil der Kirchenleitung sollte nicht mehr autoritär, sondern kollegial sein; die Ökumene mit Protestanten wurde ausdrücklich unterstützt. Für manche Katholiken waren das so viele Änderungen, dass sie das Konzil ablehnten. Die große Mehrheit empfand das Konzil als Befreiung. Da hatte der Tanker einen Hüpfer gemacht.

Geheimnisse

DIE GANZE WELT ist voll davon. Manche lassen sich sofort verstehen, manche erst nach langer Zeit, und manche überhaupt nie auf Erden. Dass Menschen von einer Welt umgeben sind, die voller bedeutsamer Geheimnisse steckt, ist für Katholiken keine sonderlich originelle Feststellung. Gott hinterlässt überall seine Spuren, und die muss man eben finden und deuten.

Es ist darum für katholische Christen nicht immer nötig, alles rational zu begreifen. Man kann da auch ganz gut etwas in der Schwebe lassen. Unfehlbarkeit des Papstes? Unbefleckte Empfängnis? Versteh ich vielleicht nicht, aber ich muss auch nicht alles durchschauen. Mein katholisches Leben kann ich trotzdem leben. Ein Geheimnis mehr oder weniger … na und?

Zweifellos eine poetische Sicht von der Welt. Darum wurden und werden wohl auch so viele Künstler katholisch. Aber sie kann zu einer Schwäche werden, wenn sie etwa ins Feld der Politik übertragen wird. Die Entscheidungen der Regierung kann ich zwar nicht nachvollziehen, aber wird schon alles irgendwie stimmen, ein Mysterium eben? Nicht nur im Dritten Reich hat man gesehen, wie schnell so etwas ins Auge gehen kann.

Zur ausgesprochenen Stärke werden kann diese Haltung in persönlichen Lebenskrisen. Das, was mir gerade Schlimmes passiert, kann einfach nicht nur so sein, wie es oberflächlich aussieht. Da gibt es bestimmt einen verborgenen Sinn!

Mit so einer Einstellung wird das Leben eindeutig etwas leichter.

Kirchentreue

SOZIOLOGEN WISSEN, dass Katholiken immer noch kirchentreuer sind als Angehörige anderer Konfessionen. Sind sie bloß ein bisschen feiger? Vielleicht haben sie einfach ein Gefühl dafür, worauf es wirklich ankommt.

Denn wer zu einer Familie gehört, weiß meistens ganz gut, dass hier nicht alles Gold ist, was glänzt. Der Cousin schiebt einen Berg Schulden vor sich her; die Tante geht fremd, Großmutter nippt regelmäßig zu oft an der Flasche. So ist das nun mal in einer Familie. Aber das ist noch lange kein Grund, sie in Bausch und Bogen zu verdammen. Todsicher fällt mir jemand ein, auf den ich stolz sein könnte. Denn ohne Großvaters Ersparnisse hätte Vater damals seinen Laden dichtmachen müssen. Meine Schwester hat einen Typen abfahren lassen, der mich vor der Disco angemacht hat. Obwohl sie mir sonst erheblich auf die Nerven geht. Und mein Onkel hat es vielleicht zu nichts gebracht im Leben, aber wenn ich ihn brauche, dann ist er da.

In der Kirche ist es für Katholiken auch nicht viel anders. Sie sind nicht so naiv, dass sie nicht wüssten, was alles schiefläuft, wie viel Betrug und Untreue am Evangelium es da gibt. Aber sie wissen auch, dass mehr gut läuft, als man von außen sieht. Und sie sind auch nicht so unschuldsbesessen, jederzeit kompromisslose Reinheit zu verlangen, wie das für Sekten und Fundamentalisten typisch ist. Man ist da ein bisschen gelassener. Der Himmel muss nicht sofort hier und jetzt da sein. Er wird schon kommen. Nur keine Aufregung.

Pompa Diaboli

BEI DER TAUFE WIRD DER Täufling (oder seine Eltern, wenn es ein Kind ist) vor der versammelten Gemeinde gefragt, wie er oder sie nun leben will. Dazu gehört auch die Entscheidung gegen das, was man von nun an nicht mehr machen möchte. Im Ritus hört sich das so an: „Widersagst du dem Satan? – Ja. Und allen seinen Werken? – Ja" usw.

In der alten lateinischen Formulierung war statt von den nüchternen „Werken des Satans" die Rede von den „Pompa diaboli" (wörtlich: „teuflischer Pomp"). Das war noch echte Opernsprache. Denn obwohl Katholiken genauso wie andere nur zu gut wissen, dass das Böse meistens unspektakulär, auf leisen Schritten und mit uns selbst als Schmieresteher daherkommt, sind sie insgeheim eben doch vom glitzernden Auftritt der Sünde fasziniert.

Vielleicht gerade sie. Denn mit ihrem katholischen Hang zum Bildermachen, zur Großartigkeit und zum Auftritt, zum Rausch und zu barocker Pracht surfen sie immer nahe am Absturz. Die beeindruckende Farbigkeit kann den Verstand vernebeln, das Theatralische kann zum bloßen Gieren nach Beifall geraten, und die düstere Seite des Rausches ist die Gewalt gegen sich und andere. Womöglich ist also mit der Absage an die Pompa Diaboli speziell eine Warnung an Katholiken gemeint, die andere nicht so nötig haben wie diese Spezies: Wenn es für euch eine besondere Versuchung gibt, dann die …

Bildersturm

EIN TRAUMA, DAS KATHOLIKEN bis heute bewegt. Luther war dagegen, Calvin und Zwingli fanden ihn in Ordnung. Auf die immer intensivere Bilderverehrung der Katholiken reagierten protestantische Mobs damit, dass sie mit Äxten, Sägen und Hämmern in die Kirchen einfielen und alles kurz und klein schlugen, was irgendwie mit Heiligendarstellungen zu tun hatte. Die damit gemeinte Korrektur – dass die Bilder ja nicht selbst göttliche Eigenschaften hatten, sondern nur Hinweise auf Gott waren – hätte auch für viele Katholiken einsichtig sein können. So aber schlug der Bildersturm tiefere Wunden als nur die Beschädigung von ein paar Figuren.

Schon viele Zeitgenossen waren sich dessen bewusst, dass die religiösen Schläger auf diese Weise ganz einzigartige Kunstwerke für alle Zeiten ausradierten. Als unserer Tage muslimische Fanatiker die Buddha-Statuen von Banyan zerstörten, setzte bei Katholiken sofort die Mustererkennung ein. So war's doch auch damals. Mit dem Bildersturm war eine Grenze überschritten, die bald zu Blutvergießen und Bürgerkrieg führte.

Denn gerade die Heiligen waren den Menschen des Mittelalters viel näher als die Gottesdienste in einer ihnen unbekannten Sprache. Eben an die Heiligen hatten sie sich wenden können in all ihrer Alltagsnot. Und so wurde das Verhältnis zu den Heiligenbildern zu einer Scheidelinie, die sie nicht hätte werden müssen, wenn man sich nur besser zugehört hätte. Maria die Hand abschlagen? Da war Matthäi am Letzten.

Mystik

KANN ICH GOTT SCHON hier und jetzt erfahren? Oder muss ich warten bis zur Auferstehung und dem Ende aller Tage? Gibt es nicht doch eine Abkürzung zu ihm? Wenn es eine Sorte Leute gibt, die bei solchen Fragen in Flammen stehen, dann sind es Katholiken. Damit sind wir bei der Mystik.

Unter Katholiken ist dieser Weg hoch angesehen. Wie er allerdings konkret zu gehen ist, darüber gehen die Meinungen beachtlich weit auseinander. Es gibt im katholischen Kosmos der Mystikerinnen und Mystiker unendlich vielgestaltige Lebensgeschichten. Manche machten mystische Erfahrungen in ihren Krankheiten und körperlichen Schwächezuständen (Thérèse von Lisieux), andere in Obdachlosigkeit und Ausgesetztheit (Benedikt Labre), manche in der Gefangenschaft eines Kerkers (Johannes vom Kreuz), andere beim Feiern der Eucharistie oder in der Einsamkeit der Wüste.

Die Versuchung war groß, vor lauter Sehnsucht nach Gotteserlebnissen das zu vergessen, was normale Menschen im normalen Leben zu tun haben. Aber Meister Eckhart, selbst ein berühmter Mystiker, warnte schon im Mittelalter: Wenn man Aktion (also das alltägliche Leben) und Kontemplation (also die meditierende Versenkung) auseinanderreißt, kann etwas nicht stimmen. Katholiken sind ausgesprochen mystikfreundlich. Manchmal vergessen sie dabei, dass der Preis für solche Erfahrungen überraschend hoch sein kann.

Beichtgeheimnis

LEGENDENUMWOBEN. Katholische Priester dürfen niemandem auch nur ein Wörtchen über das sagen, was ihnen in der Beichte von einem Gläubigen anvertraut worden ist. Die Schweigepflicht von Ärzten und Therapeuten, das Zeugnisverweigerungsrecht von Journalisten und Geheimdienstleuten sind nur ein Abklatsch gegen dieses „Beichtgeheimnis". Jeder Katholik kennt heroische Geschichten darüber.

Der Klassiker unter ihnen ist immer noch die des heiligen Nepomuk. Seine Statuen stehen bis heute an älteren Brücken, wo er versonnen ins Wasser guckt. Die Legende dazu ist allerdings überhaupt nicht beschaulich. Johannes Nepomuk war Priester in Prag und Beichtvater der Königin. Ihr Mann, König Wenzel IV., ließ Johannes Nepomuk verhaften und foltern, weil er wissen wollte, was die Königin in der Beichte bekannt hatte. Aber Nepomuk brach sein Beichtgeheimnis nicht und wurde zu Tode gemartert. Der König ließ schließlich den entstellten Leichnam Nepomuks in die Moldau werfen.

Die Wahrung des Beichtgeheimnisses hat Katholiken immer beschäftigt. Beliebte katholische Stammtisch-Themen sind fantasievoll ausgedachte Zwickmühlen von der Sorte: Ein Priester erfährt in der Beichte von einem geplanten Mord – darf er die Polizei anrufen? Muss er selbst den Detektiv machen? Oder sich als Bodyguard vor das Opfer werfen? Am Ende ist dann die ganze Runde froh, nicht selbst Priester sein zu müssen.

Heiligenbilder

DIE LEBENSGESCHICHTEN DER Heiligen mit all ihren wunderbaren Szenen gehören für Katholiken von früher Kindheit an dazu. Später sind sie ihnen manchmal etwas peinlich, und sie tun dann so, als hätten sie sie vergessen. Aber sobald sie ein Bild von jemandem mit Heiligenschein sehen, wissen sie gleich, um wen es da geht.

Denn jeder Heilige hat seine besonderen Kennzeichen. Josef, den Zimmermann, erkennt man an seinem typischen Beil; der Ritter, der dem Drachen den Speer ins Maul schiebt, kann nur der heilige Georg sein; die edle Frau mit dem Turm ist die heilige Barbara; Petrus ist erkennbar an den Schlüsseln, die er bedeutsam vor sich her trägt, und Paulus am Schwert; Katharina sieht man immer zusammen mit einem Rad (damit wurde sie hingerichtet), bei Ursula steht immer ein Schiff und beim heiligen Laurentius selbstredend der Grill, auf dem er seine unangebrachten Witze riss.

Die Heiligenbilder waren früher so etwas wie erste fromme Comics für Analphabeten. Inzwischen sind sie für Katholiken freundliche Erinnerungen an das Leben von jemandem, der einen radikalen Weg ging und mit dem man sich gern mal innerlich unterhalten und den man um Rat fragen darf. Die Heiligen sind sozusagen Teil der eigenen Verwandtschaft. Und die ist ja auch manchmal etwas schrill.

Das Auge Gottes

EIN DREIECK UND in diesem Dreieck ein offenes Auge. In vielen Kirchen findet man dieses geheimnisvolle Bild. Sowohl das Dreieck wie auch das Auge sind ein Zeichen für Gott, das wesentlich älter ist als das Christentum. In christlichen Kirchen stellen sie so etwas wie einen Code dar. Das Dreieck steht für die Dreieinigkeit Gottes, und das Auge darin bedeutet die Gegenwart Gottes.

Leider war dieses kombinierte Zeichen gerade für ältere Katholiken fast zu einem Schreckenszeichen geworden, zu so etwas wie einem Geheimdienst-Emblem. Viel zu oft hatten sie als Kinder hören müssen, dass sie machen können, was sie wollen – vor diesem Gott kann man leider nichts verbergen. Denn er sieht unausweichlich alles. Und petzt es gleich den Eltern, und die Strafe folgt auf dem Fuß. Das Symbol vom Auge Gottes wurde auf diese Weise fast zu einem frühkindlichen Terror-Begriff.

Aber gedacht war dieses Symbol anders. Denn wie gern würden Menschen so gesehen, wie sie wirklich sind, von jemandem, der sie würdigt und ihnen gerecht wird! Und wie selten erleben sie das. Dieses Zeichen mit dem Dreieck und dem Auge darin kann Katholiken die Zuversicht geben, dass sie so wahrgenommen zu werden – mit dem liebevollen Blick einer Mutter oder eines Vaters. Davor will man sich dann gar nicht verstecken.

Segnen

KATHOLIKEN SIND GROSSE Freunde des Segnens. Ihrem Publikum mag nicht immer gleich ersichtlich sein, was alles des Segens bedarf. Stall-, Weide- und Haustiere etwa. Aber auch Fahrzeuge – vom antiken Trabi bis hin zu Bussen, zur chromblitzenden Harley, zu Schiffen und Flugzeugen; Wohnräume, Ställe, Versammlungs- und natürlich Kirchenräume; Kerzen, Kräuter, Salz, Brot. Katholiken scheinen grundsätzlich davon auszugehen, dass so ziemlich jedes einigermaßen positive Vorhaben einen Segen nötig habe. Und sie gehen freigiebig damit um. Es wäre freilich falsch verstanden, wenn man ihnen dabei Unernst unterstellte.

Denn sie sind überhaupt nur darum so zum Segnen bereit, weil sie sich selbst so oft als gesegnet empfinden. Man bekommt in dieser katholischen Glaubenswelt zuerst etwas geschenkt, ohne vorab moralische Höchstleistungen erbringen zu müssen. Zuerst ist das da, was Christen Gnade nennen. Ihr Gottesbild ist das eines Segen verteilenden Gottes, der Menschen Gutes möchte, und darum können sie auch selbst so frohgemut segnen.

Motivations-Trainer aller Couleur machen großes Aufhebens davon, ihren Kunden positives Denken beizubringen, wenn's mal schwierig werden sollte. Vielleicht würde auch eine Anleitung zum Segnen reichen? Und billiger wär's auch noch.

Engel

WÄHREND SEIT JAHREN gerade die Menschen Engel neu entdecken, die mit ihrer Kirche nicht mehr viel zu tun haben wollen, sind Engel Katholiken von früh auf vertraut. Schon kleine Kinder haben ihre Engelgebete gelernt (allerdings mit dem feinen Unterschied, dass nie Engel selbst verehrt werden, sondern höchstens Gott gebeten wird, den einen oder anderen vorbeizuschicken). Je älter Kirchengebäude sind, umso mehr Engels-Darstellungen finden sich darin.

In gotischen Kathedralen handelt es sich noch um hohe Erwachsenenfiguren mit hoheitlichem Auftreten und einem Ausdruck zwischen Schrecken (Engel des Gerichts) und Heiterkeit. Material: mehr oder weniger Sandstein. Ein paar Jahrhunderte später schwirren in den Barockkirchen Heerscharen geflügelter Putti mit Übergewicht umher, die die Stimmung eines leicht irren, himmlischen Kinderzimmers verbreiten. Material: Gips oder Stuck mit Goldüberzug.

Im täglichen Leben ist es für Katholiken nichts Außergewöhnliches, einem Engel zu begegnen. Eigentlich rechnet man damit, früher oder später. Denn man weiß, dass echte Engel gar keine Flügel haben, sondern Boten Gottes sind, die auch als normale Menschen auf uns zukommen oder unsichtbar bleiben. Die müde Verkäuferin an der Kasse, die trotzdem freundlich war. Der Obdachlose, der einem das Geld für ein dringendes Telefonat gab. Oder die Hand, die einen zurückhielt, als dieser wahnsinnige Autofahrer vorbeiraste – aber Moment: Da war ja gar niemand hinter uns!

Herz Jesu

IRGENDWO HAT MAN eines dieser unsäglich stimmungsvollen Bilder bestimmt schon gesehen, auf denen ein auf rosaroten Wolken schwebender Jesus fromm die Augen nach oben schlägt und mit einer Hand auf sein deutlich sichtbares Herz zeigt (oft umgeben von einem Strahlenkranz). Grundstimmung: nicht von dieser Welt, pastellige Farben, Omas Spitzen-Nachthemd. Das scheint genauso von vorgestern wie Kriegerdenkmäler oder alte Sarotti-Reklame.

Wie so vieles bei Katholiken hat sich aber auch bei diesem Motiv der tatsächliche historische Anlass weit entfernt von der Frömmigkeit, zu der er dann geworden ist. Die Herz-Jesu-Verehrung kam einmal aus dem Barock, wo nach der Zeit grausamer Kriege ein tiefes Bedürfnis nach inniger Nähe zu Jesus entstanden war. Wir kennen das Herz Jesu aber erst aus der Zeit unserer Urgroßeltern, wo rasanter industrieller Fortschritt, politische Entwicklung und Kirchenkritik oft im Gleichschritt daherkamen und viele Katholiken demgegenüber ganz gern was fürs Gemüt hatten.

Man traf sich zu bestimmten Zeiten in den Kirchen („Herz-Jesu-Freitag"), betete dort lange und ausgiebig, oft stundenlang auf den Knien und schweigend, während auf dem Altar eine Monstranz stand. Man verstand dieses Beten als Versuch, mit dem eigenen Inneren dem Innersten Jesu nahezukommen. So etwas wie ein mystischer Anlauf. Viele Katholiken können heute damit nur noch wenig anfangen. Den Respekt davor haben sie aber behalten.

Zukunftsangst

DAS LEBENSGEFÜHL katholischer Menschen kann eine Leichtigkeit haben, die anderen Leuten manchmal ein bisschen blauäugig vorkommt. Sieht die Zukunft der Welt nicht schlimm genug aus? Globalisierung, Klimakatastrophe, Kriege? Das gibt doch eher zu Depressionen Anlass.

Nun ist es ja nicht so, dass Katholiken sich aus der Pflicht für die Welt stehlen. Sie tragen genauso politische Verantwortung wie andere und sind im gesellschaftlichen Streit genauso leidenschaftlich aktiv.

Aber sie müssen nicht daran verzweifeln, dass sie für alles auf Erden persönlich verantwortlich wären. Der moralistische Druck, der gerade in politischen Bewegungen enorm sein kann, wenn alle alles für die große Sache geben, muss für Katholiken nicht heißen, dass tatsächlich auch alles allein von menschlicher Anstrengung abhängt. Für sie kann die Devise eher heißen: alles geben, und sich dann Gelassenheit erlauben, Kinder zeugen und bekommen, ein Essen genießen, ein kleines Fest machen – trotzdem. Das Leben nicht aufgeben, damit theoretisch irgendwann das Leben besser würde.

Vielleicht sind darum Katholiken für apokalyptische Zukunftsängste weniger zu haben als andere. Vielleicht nicht sonderlich konsequent, aber jedenfalls nicht fundamentalistisch. Und hoffnungslos auch nicht.

Schutzmantel-Madonna

WIEDER EIN KIND SEIN! Wieder ein kleiner Mensch sein, dem die Mutter gibt, was er braucht, der Schutz erhält, auf den jemand aufpasst. Wieder jemand sein, der sich an den Rockzipfel der Mama hängen darf. Und dort ist dann alles gut und warm und heimatlich. Aber da wir nun mal Erwachsene sind, müssen wir jeden Tag gute Miene zum bösen Spiel machen. Dauernd müssen wir so tun, als ob wir die Sache im Griff haben. Und darum schämen wir uns, klein sein zu wollen.

Doch genau das, genau diesen windstillen Ort des Schutzes, des erlaubten Kindseins, der ganz unerwachsenen Bedürftigkeit, bietet Katholiken die Schutzmantel-Madonna.

Auch wenn sich viele von ihnen kaum trauen, es vor anderen zuzugeben – die archaische Anziehungskraft der hoheitlichen Frau mit ihrem weiten Mantel berührt sie im Innersten. In vielen katholischen Kirchen findet sich dieses Motiv einer Maria, die leicht den Kopf neigt und dabei mit den Armen ihren Mantel ausbreitet. Und unter diesen Mantel stellen sich dann alle, die Geborgenheit brauchen.

Katholiken beten ihre Maria nicht an (auch wenn ihnen das fälschlich vorgeworfen wird), wohl aber begeben sie sich zu ihr in eine naive Nähe, in der sie zugeben können, schwach zu sein. Jetzt mal keine kritische Theorie. Jetzt mal keine Erörterung auf hohem Niveau. Jetzt mal bloß Ausruhen. Wo gibt es sonst noch solche Orte?

II

Die Katholiken und ihr Glaube

Katholisch

EIN MEIST NUR SCHEINBAR verstandenes Wort. Es fällt ja auf, dass Katholiken in ihrem Credo ihre Zugehörigkeit gar nicht zur „römisch-katholischen" Kirche bezeugen, sondern lediglich zur „katholischen". Gemeint ist hier tatsächlich nichts Konfessionelles, sondern eher etwas Geografisch-Politisches.

Denn das interessante Wort kommt vom griechischen „kat-holos", bedeutet eigentlich „ganz, gesamt", und meint im Credo diejenige Gemeinschaft der Christen, die auf dem ganzen Erdball verbreitet ist und sein will. Es bezeichnet ganz absichtlich nicht eine isolierte Gruppe von Christen, die nur in einem bestimmten Land vorkommt und sich willig dessen vaterländischen Interessen unterordnet.

Eben weil es so schwer sein kann, sie national zu vereinnahmen, werden Katholiken in vielen Diktaturen bis heute verfolgt. So verstanden ist „katholisch" ein Bekenntnis zu einer über-nationalen Gemeinschaft und eine Ablehnung von provinziellem Denken.

Wenn manche Katholiken beim Credo darum statt des „Ich glaube an die katholische Kirche" ein scheinbar fortschrittliches „Ich glaube an die christliche Kirche" vor sich hin murmeln, ist das in Wirklichkeit nicht politisch korrekt, nur ein bisschen unpolitisch.

Protestanten

IN MANCHEN LÄNDERN wurden sie ausgewiesen, umgebracht und erfolgreich bekämpft. Das hatte den Effekt, dass dort Protestanten langfristig kein Thema waren (Spanien, Italien, Frankreich). Anderswo passierte das umgekehrt den Katholiken, mit demselben Ergebnis (Schweden, Dänemark, England). Und in Deutschland und der Schweiz verbissen sich die großen Konfessionen drei Jahrzehnte lang im mörderischsten Bürgerkrieg ihrer Geschichte – und keine Seite gewann. Im Kirchenkampf des 19. Jahrhunderts gab es noch einen kleinen historischen Nachschlag.

Aber wie das so ist mit Feinden, an die man sich lange Zeit gewöhnt hat: Man wird von ihnen geprägt. Und so wurden die Katholiken aus Deutschland und der Schweiz evangelischer als sonst wo, und die dortigen Protestanten gelten als katholischer als woanders. Heute spricht und feiert man miteinander und teilt sogar Kirchen.

Scheinbar ist man sich sehr nah. Aber der Eindruck täuscht leicht. Man findet gern den Vatikan beschränkt, der die gemeinsame Kommunion nicht gestattet. Aber wenn nach einem „ökumenischen Abendmahl" die Brotreste weggeworfen werden, stellen sich Katholiken die Nackenhaare auf. Wenn eine geschiedene Pastorin dem Gottesdienst vorsteht, fühlen sich viele Katholiken im falschen Film. Wenn an Ostern in der Kirche nur geredet wird, statt ein Drama zu inszenieren aus Feuer, Dunkelheit, Schweigen und Musik, wünschen sich Katholiken anderswohin. Heiraten kann man sich aber erstaunlicherweise problemlos.

Unfehlbarkeit

WENN DER PAPST AM Abend glaubt, dass am nächsten Tag schönes Wetter sein wird, und dann regnet's doch – hat er sich eben geirrt. Wenn sich der Papst eine Delle in die Stoßstange fährt, weil er seinen Bremsweg unterschätzt hatte – hat er eben einen Fehler gemacht. Wenn der Papst einen Löffel versalzene Suppe zu sich nimmt, verzieht er das Gesicht wie jeder andere auch – das konnte er vorher nicht wissen.

Der Papst ist ein genauso fehlbarer Mensch wie jeder andere. Mit der „päpstlichen Unfehlbarkeit" ist offenbar anderes gemeint. Allerdings ist dieses Thema für das Leben der Katholiken nicht so entscheidend, wie Außenstehende vermuten.

Eine „päpstliche Unfehlbarkeit" gibt es ohne eine „kirchliche Unfehlbarkeit" überhaupt nicht. Der Papst macht sich sozusagen nur zu ihrem Sprecher. Sie geht auf die Szene zurück, in der Jesus gegenüber Petrus erklärt, dass „die Pforten der Hölle die Kirche nicht überwältigen werden" (Matthäus 16,18). Daraus haben Katholiken geschlossen, dass die Kirche zwar in Details, aber nicht in den zentralen Fragen aus der Wahrheit herausfallen könne. Damit sind nicht moralische Urteile über Techniken, Medizin oder Lebensmittelzusätze gemeint. Die kirchliche Unfehlbarkeit wird nur dort bemüht, wo es um das Herz ihrer Tradition geht. Eine ziemlich hohe Messlatte.

Insofern hat es schon eine gewisse Logik, dass diese Unfehlbarkeit von vielen Päpsten während ihrer gesamten Amtszeit überhaupt nie bemüht wurde.

Hölle

EIN KLASSISCHES BEISPIEL dafür, wie Katholiken ihrer Bilderfreude zum eigenen Schaden auf den Leim gegangen sind. Denn die Vorstellung von einer Unterwelt, in die die Bösen nach dem Tod kommen, war zwar schon im Alten Orient verbreitet. Aber noch im Alten Testament war sie eine eher neutrale Gegend, so etwas wie ein Nicht-Ort.

Doch schon im Judentum zur Zeit Jesu tauchten zunehmend Bilder für diesen Ort auf, die mit Flammen und Feuer zu tun hatten. Im Christentum nahm diese Bilderwelt dann richtig Fahrt auf. Mittelalterliche Kirchen vermitteln noch einen Eindruck von dem Gefühl, überall von der Hölle bedroht zu sein, mit sämtlichen denkbaren Grausamkeiten.

Schon damals gab es warnende Stimmen unter Kirchenleuten, die der wuchernden Fantasie von Schreckensbildern entgegentraten. Mit wenig Erfolg. Das katholische Kopfkino war um Längen interessanter. Da konnte sich die Heilige Schrift mit Einzelheiten noch so zurückhalten.

Inzwischen hat sich auch unter Katholiken die Einsicht verbreitet, dass es bei der Hölle tatsächlich um ein Bild geht – für die Menschen nämlich, die sich während ihres Lebens bewusst und ausdrücklich von Gott trennen wollten. Wer dort allerdings wirklich landet, kann kein Mensch wissen. Ob überhaupt jemand dort bleibt, auch nicht. Ob nicht am Ende die Hölle ebenso überwunden wird wie der Tod? Das weiß nur Gott selbst. Bei diesem Thema hat auch die katholische Bildermaschine inzwischen einen Gang heruntergeschaltet.

Sieben Sakramente

MAN KANN GOTT in vielerlei Weise begegnen. Katholiken glauben aber, dass es sieben ganz herausgehobene Möglichkeiten gibt, in denen Gott nahe ist. Diese besonderen Situationen nennen sie Sakramente.

Die sieben Sakramente stehen immer an Schwellen im menschlichen Leben: Erst mit der Taufe wird man ein Christ (nicht schon mit der Geburt) – jemand muss sich also entscheiden, Teil dieser Gemeinschaft sein zu wollen. Im Sakrament der Eucharistie gibt sich Gott selbst als Nahrung; zum ersten Mal erleben junge Christen das mit acht oder neun Jahren. In der Firmung bekennt dann ein junger Erwachsener selbst: Ja, zu diesen Christen will ich gehören. Das Sakrament der Ehe geben sich Frau und Mann gegenseitig, für ihr ganzes Leben. Im Weihesakrament lässt sich jemand in Dienst nehmen für die Christen – als Bischof, Priester oder Diakon. Im Sakrament der Beichte spricht ein Mensch seine Schuld aus und kann sie vergeben bekommen. In der Krankensalbung wird der Beistand Gottes gerade dann zugesagt, wo man selbst nichts mehr tun kann, vielleicht sogar vor dem Tod steht.

Sieben Sakramente. Sieben Möglichkeiten der Begegnung mit etwas, das größer ist als man selbst. Siebenmal das Versprechen der Nähe Gottes.

Wenn Sie Leute fluchen hören „Sakrament!", wissen Sie, dass sie einmal unter katholischem Einfluss gestanden haben müssen.

Heilige

FÜR DIE GENUSS- und harmoniebereite Seite der Katholiken gibt es ein deutliches Gegengewicht: die Heiligen. Sie sind so etwas wie die ewigen Störenfriede, die bei den Christen darauf bestehen, dass es nicht ununterbrochen um katholische Gemütlichkeit gehen kann, sondern darum, Christus nachzugehen, auch wenn es nicht nur Spaß macht.

Die Heiligen, die die Katholiken verehren (übrigens ohne sie selbst anzubeten), sind so etwas wie die Viren des Heiligen Geistes im weiten System der Kirche. Im Unterschied zu einem Computer werden sie allerdings ausdrücklich in diesem System willkommen geheißen. Sie machen nämlich meistens auf offensichtliche Fehlentwicklungen aufmerksam.

Zu viel Gequatsche, zu viel Pomp, zu viel Geld? Schon treten Schweiger auf, die vom Geld nichts wissen wollen und die Armut lieben. Zu viel Unterdrückung und Kungeln mit der Macht? Es erscheinen prophetische Menschen, die ihr Leben riskieren für öffentliche Kritik. Zu viel Strenge, zu viel Askese, zu wenig Humor? Prompt tauchen barocke Typen auf, die fünfe gerade sein lassen, Witze machen und bei der Predigt jonglieren.

Bestimmte Heilige wurden mit der Zeit sogar zuständig für besondere Anliegen: Antonius für verlorene Sachen, Apollonia für Zahnweh, Florian im Brandfall. Das kann man nun glauben oder nicht. Aber wenn Sie Ihren Hausschlüssel nicht mehr finden – warum versuchen Sie es nicht einmal mit Sankt Antonius?

Todsünden

AUCH WENN VIELE Katholiken gar nicht mehr richtig wissen, was das genau sein soll, läuft ihnen bei ihrer Erwähnung immer noch ein leichter Schauder den Rücken hinunter.

Es handelt sich bei den sieben Todsünden um Entscheidungen, die Menschen selbst frei treffen und mit denen sie sich den Himmel verspielen. So etwas wie biografische Vorbelastungen (schwierige Kindheit) spielen dabei keine sonderliche Rolle. Erstaunlicherweise handelt es sich dabei aber gar nicht um einzelne konkrete Handlungen wie etwa Betrug oder Totschlag. Vielmehr fallen unter die sieben Todsünden schon die Einstellungen, die am Ende zu solchen Handlungen führen können. Dazu gehören der Hochmut (weil Menschen verachtet werden); der Zorn (weil Aggression zügellos ausgelebt wird); die Wollust (weil andere zum Lustobjekt erniedrigt werden); die Trägheit (weil man so selbstgerecht mit sich zufrieden ist); der Neid (weil man anderen nichts gönnt); der Geiz (weil Besitz höher geschätzt wird als Menschen); die Völlerei (weil Lebens-Mittel missbraucht werden).

Es gibt auch Heilmittel für diese Todsünden; sie klingen noch altväterlicher als bereits die Todsünden selbst: Demut (gegen den Hochmut); Großzügigkeit (gegen den Geiz); Geduld (gegen den Zorn); Keuschheit (gegen die Wollust); Fasten (gegen die Völlerei); Wachheit (gegen die Trägheit) und Zufriedenheit (gegen den Neid). Hört sich alles wie von gestern an? Mag sein. Aber klingt es völlig sinnlos? Eigentlich nicht.

Teufel

FÜR KATHOLIKEN mittlerweile jemand, den man ignoriert oder über den man Witze macht. Das deutsche Wort „Teufel" kommt vom griechischen „diabolos", wörtlich: der, der alles durcheinanderwirft, der Verursacher von Chaos in der Schöpfung. Ernsthafter klingt schon eine andere Bezeichnung, nämlich „Satan". Man denkt sofort an schwarze Messen (die im Übrigen ins Gegenteil verkehrte katholische Gottesdienste sein sollen) und entsetzlich aufgerissene Schlünde im Breitwand-Format. Für das Alte Testament war Satan der Ankläger der Menschen vor Gott. Im Neuen Testament tauchen immer wieder von Dämonen besessene Menschen auf, die man heute wohl als psychisch Schwerkranke verstehen würde, denen Jesus diese Zwangsgeister austreibt.

Im Volksmund gibt es viele Geschichten über Teufelspakte (Reichtum und Macht gegen Seele), die oft gut ausgehen für die Menschen, weil sie im letzten Moment den etwas dämlichen Teufel austricksen. Für Katholiken kommt der Teufel inzwischen eigentlich nicht mehr richtig vor. Man kann allerdings manchmal das Gefühl haben, dass sie sich damit auch ganz gern um die Auseinandersetzung mit dem Bösen herumdrücken.

Satan oder Teufel werden im Glaubensbekenntnis der Katholiken keines Wortes gewürdigt. Man glaubt an Gott, aber nicht an etwas, das völlig unfähig ist, aus eigener Kraft schöpferisch zu sein. Und das bekommt ein Teufel eben nicht hin.

Exorzismus

IN ZAHLLOSEN GRUSEL-Schockern gibt es bei der Konfrontation mit den satanischen Mächten immer nur einen einzigen ernst zu nehmenden Gegner: den katholischen Priester. Man erkennt ihn an seinem weißen Krägelchen, verzerrten Gesichtszügen und beschwörend erhobenem Kreuz.

Tatsächlich tritt das Böse in der menschlichen Gesellschaft eher unspektakulär und intrigant leise auf. Das darzustellen, wäre für viele Filmemacher aber eine Überforderung. Für Horrorfilme braucht man also ebenso wie den dämonisch-entsetzlichen Auftritt der teuflischen Kreatur einen Gegenspieler, der mehr Szene zu bieten hat als sanft verständnisvolle Psychotherapeuten. Man braucht jemanden, der von einem gewissen Geheimnis umwittert ist (zölibatär!), der exotisch reden kann (Latein!) und dann auch noch interessante Arm- oder Handbewegungen machen kann. Damit landet man dann als Regisseur fast zwangsläufig beim Priester oder beim Mönch. Eine erhöhte fachliche Kompetenz zur Teufels-Bekämpfung durch Katholiken kann man dadurch eher nicht ableiten.

Nichtsdestotrotz gibt es aber in der vielfältigen Welt katholischer Riten wirklich auch einen eigenen Ritus des „Exorzismus". Allerdings wird er mittlerweile eher im Sinne eines symbolischen Handwerkszeugs für seelisch Kranke verstanden, die solcher theatralischer Mittel bedürfen, vergleichbar bestimmter schamanischer Vorgänge. Im Alltag der Katholiken kommt er nicht vor.

Dogma

EIN SCHILLERNDER BEGRIFF. Viele Leute denken dabei an etwas Erzwungenes, Starres und Freiheitsberaubendes. Dabei sind die Dogmen der Kirche nur die mehr oder weniger gelungenen Versuche, in menschlicher Sprache die wichtigsten Wahrheiten auszudrücken, mit denen das Leben der Christen steht und fällt. Dass Gott ein Mensch wurde, ist zum Beispiel ein Dogma. Dass der Sohn Gottes nicht tot blieb, sondern auferstanden ist, ist auch eins. Meistens kam es erst dann zu solchen Dogmen, wenn eine dieser Überzeugungen bestritten wurde, etwa dass Gott wirklich in Jesus ein Mensch geworden; dass Jesus überhaupt historisch gestorben war usw.

Viele Menschen ereifern sich über Dogmen, die sie nicht verstehen können (z. B. das Dogma von der leiblichen Aufnahme Mariens in den Himmel). Dabei vergessen sie dann die Dogmen, die sie verstehen könnten, aber trotzdem nicht glauben, und das sind die meisten.

Natürlich gibt es auch unter den vielen Dogmen, zu denen es im Lauf der Zeit kam, äußerst wichtige und nicht so bedeutsame. Das allerwichtigste Dogma ist eines über die Dogmen selbst. Schon im Jahr 1215 wurde bei einem Konzil nämlich festgestellt, dass das, was die Kirche in ihren Dogmen über Gott und die Menschen feststellt, immer hinter dem zurückbleibt, wie Gott tatsächlich ist. Darüber könnte man sich als Verfasser eines Dogmas nun ärgern. Macht aber niemand.

Heiligsprechung

DIE KIRCHE DER Katholiken produziert keine Heiligen. Aber sie ist ständig neugierig auf der Suche nach ihnen, und sobald eine oder einer zweifelsfrei erkannt ist, dann erfolgt die Heiligsprechung. Es ist sozusagen die öffentliche Anerkennung der Bedeutung ihres Lebens, die aber in jedem Fall erst nach ihrem Tod möglich ist.

Allerdings kommt es zu so einer Heiligsprechung nicht per Fingerschnippen des Papstes. Vielmehr folgt sie einem strengen Verfahren unter Federführung eines speziell ernannten Untersuchungsrichters, das sich möglichst genau mit dem Leben der Kandidaten beschäftigt. Wenn sie ein außergewöhnliches Vorbild an Hingabe und heiliger Risikobereitschaft waren, dann kann bei den Kandidaten die „Seligsprechung" erfolgen. Das war in neuerer Zeit etwa der Fall bei Maximilian Kolbe, Marguerite Bays oder Helene Kafka. Wenn nachweislich nach dem Tod des Betreffenden und auf die Bitte um seine Fürsprache hin Heilungen aufgetreten sind, die zweifelsfrei von Medizinern nicht natürlich erklärt werden können, kann er oder sie vom Papst „zur Ehre der Altäre" erhoben werden. Dann kommt ein „Sankt" vor den Namen.

Der Verlauf eines Heiligsprechungsprozesses wird von vielen Katholiken aufmerksam verfolgt. Trotz penibler Untersuchungen gibt es – selten – auch zweifelhafte Entscheidungen. In solchen Fällen kommt es jedoch nicht zum Aufruhr; falsche Heilige werden schlicht und einfach ignoriert.

Kirchensteuer

DAS, WESWEGEN ANGEBLICH so viele Leute aus der Kirche austreten. Kann man im Ernst eigentlich nicht ganz für voll nehmen. Meistens wird noch ein bisschen herumgenölt vom Reichtum der Kirchen und bla. Man lässt gern unter den Tisch fallen, wie viele kirchliche Dienste man gern und selbstverständlich in Anspruch nimmt. Der katholische Kindergarten um die Ecke: Soll einen ganz guten Ruf haben. Das katholische Krankenhaus: Da scheinen die Kranken nicht nur eine Nummer zu sein. Bahnhofsmission, Caritas, Einrichtungen für Blinde, Gehörlose, Behinderte, Leute ohne Schulabschluss, Obdachlose, ja, stimmt, hab ich ganz vergessen. Und an Weihnachten ist es doch ganz nett, wenn die Kirche nicht dunkel bleibt, weil die Stromrechnung auch bezahlt wurde.

Es ist ein bisschen Mode unter smarten Leuten, auf diesem Modell herumzupicken, zieht doch der Staat diese Steuer für die Kirche ein (lässt sich für diesen Service allerdings auch einträglich entlohnen)!

Es stimmt zwar, dass mit dem kirchlichen Geld viel effizienter umgegangen werden könnte und es oft an Management-Know-how mangelt. Aber die meisten Katholiken wissen, dass ihre Kirche dahin geht, wo der Staat sich zurückzieht oder keine Ahnung hat, wie man das machen soll. Zu den Unproduktivsten im Wirtschaftskreislauf, die auch dann nicht könnten, wenn sie wollten. Viele Katholiken maulen auch mit. Bis sie merken, was eigentlich gemeint ist. Dann nicht mehr.

Askese

ASKETISCHE ÜBUNGEN gab es schon in der Zeit des steinzeitlichen Jagdzaubers: Wer Erfolg bei der Beute haben wollte, verzichtete auf Sex, Schlaf oder Nahrung. Griechische Olympiakämpfer nannten ihr hartes Training „Askesis".

Unter den Christen gab es immer welche, die das Gefühl hatten, in einem normalen Leben zu verbürgerlichen, oder zu weit hinter den Idealen zu bleiben, zu denen die Evangelien aufriefen. So entstanden die Orden von Männern und Frauen. Allerdings nicht, um mit asketischen Leistungen magische Kräfte für sich selbst zu erreichen, sondern um durch die Oberfläche zum Wesentlichen zu stoßen. Dabei kam es mit der Zeit auch zu großen Unterschieden im Grad der Askese. Trappisten und Zisterzienser galten als Hardcore-Asketen mit strengsten Einschränkungen bei Sprechen, Schlafen oder Essen; Benediktiner nahmen's etwas gemütlicher.

Im katholischen Alltagsleben hat sich mit den Jahrhunderten eine gewisse Schaukelbewegung eingestellt. Zeiten des Verzichts wechseln sich im Kirchenjahr mit Zeiten des Feierns ab. Es gibt so etwas wie einen katholisch ausbalancierten Mittelweg: Verzicht und Genuss; Einfachheit und Pracht; Einsamkeit und Gemeinschaft. Nichts Extremes. Ein bisschen locker bleiben.

Exkommunikation

WIEDER SO EIN BEGRIFF, der es geschafft hat, auch bei Nichtkatholiken Schauder auszulösen (obwohl es den Tatbestand auch in anderen Kirchen gibt). Es handelt sich dabei nicht um den Ausschluss aus der Kirche; das geht grundsätzlich nie mehr, sobald jemand getauft worden ist.

Vielmehr bedeutet die Exkommunikation den Verlust wichtiger Rechte innerhalb der Kirche, weil sich die Betreffenden so weit weg vom Glauben der Gemeinschaft aufhalten, dass von Zugehörigkeit nicht mehr gesprochen werden kann. Das ist etwa der Fall bei Gewalt gegen den Papst, bei einer Bischofsweihe ohne Einverständnis des Papstes, wenn ein Kardinal seine Stimme bei der Papstwahl hat kaufen lassen, bei Verletzung des Beichtgeheimnisses, wenn jemand standhaft Dinge lehrt, die der katholischen Tradition völlig entgegengesetzt sind.

Im Mittelalter galten Exkommunizierte als vogelfrei und durften keinen Besitz haben noch sonstige bürgerliche Rechte. Das ist schon lange vorbei. Heute bedeutet Exkommunikation, dass die Betreffenden kein kirchliches Amt mehr ausüben dürfen und keine Sakramente empfangen dürfen.

Allerdings muss die Exkommunikation vom Bischof auch gleich aufgehoben werden, wenn ihr Grund entfallen ist oder die Sache wieder gutgemacht wurde. Ob ein vor staatlichen Stellen erklärter Kirchenaustritt die Exkommunikation nach sich zieht, ist umstritten. Exkommunikation ist jedenfalls nicht dasselbe wie Exekution, gell.

Unbefleckte Empfängnis

EINES JENER DOGMEN, das vielfach schrägste Vorstellungen ausgelöst hat. Wie so viele dieser Dogmen ist auch dieses durch Nachfragen entstanden. Um gleich einen gängigen Irrtum auszuräumen: Es geht hier überhaupt nicht um das Thema der Jungfrauengeburt, wonach das Sperma Josefs so etwas wie ein Flecken auf etwas ganz Sauberem gewesen wäre.

Man muss hier etwas weiter ausholen: Menschen können so gut wie nie sicher sein, dass ihre Handlungen mit besten Absichten auch tatsächlich gute Ergebnisse hätten. Die Geschichte ist voll von Beispielen, wo gerade die großartigsten Vorhaben in Blut und Entsetzen geendet haben (einmal abgesehen von allen absichtlichen Gewalttaten).

Dieses andauernde Missverhältnis von gutem Willen und zweifelhaftem Ausgang haben sich Christen mit dem Bild von der Erbsünde bzw. der Erbschuld erklärt. Seit Adam und Eva wird sie durch die Generationen weitergetragen. Dieser Kreislauf konnte erst durch den Sohn Gottes durchbrochen werden, der frei war von diesem Zusammenhang der Schuld.

Aber was war dann mit seiner Mutter? Denn wenn Jesus ohne Erbschuld geboren worden war, musste auch schon seine Mutter ohne diese Sündenstruktur geboren worden sein. Die kleine Maria war also ohne diesen „Flecken" (was zugegeben etwas zu niedlich klingt) empfangen worden. Eine Logik, die bemüht vorkommen mag. Aber nur, weil etwas ein bisschen paradox klingt, schrecken Katholiken noch lange nicht davor zurück.

Marienerscheinungen

KATHOLIKEN SIND NICHT verpflichtet, an sie zu glauben. Aber viele tun es. Fatima (Portugal), Lourdes (Frankreich), Tschenstochau (Polen), Guadeloupe (Mexiko) sind nach solchen Erscheinungen zu weltberühmten Wallfahrtsorten geworden, zu denen Millionen von Menschen reisen. Es gibt dabei ein gewisses Grundmuster: Kindern und einfachen Leuten, oft aus sehr armen Verhältnissen (das Großbürgertum ist so gut wie nie dabei), erscheint eine Frau, die sie als Maria identifizieren und die ihnen bestimmte Botschaften für die Welt mitgibt: Betet den Rosenkranz! Bereut eure Sünden! Lebt ein heiliges Leben!

Diese Erscheinungen werden nach einem sehr strengen Verfahren kirchlich überprüft, ähnlich wie bei einer Heiligsprechung. Dabei sind Mediziner und Psychologen ebenso beteiligt wie Theologen und Juristen. Das Ergebnis einer solchen Prüfung ist viel öfter als die Öffentlichkeit erfährt, dass eine Erscheinung zum Ärger ihrer Fans gerade nicht kirchlich anerkannt wird, sondern stillschweigend im Fach „Religiöse Neurosen, Naturphänomene oder bewusster Betrug" abgelegt wird.

Viele Katholiken lieben solche Erscheinungen Marias und die Orte, an denen es dazu kam. Ihnen wird warm ums Herz, wenn sie an einem solchen Ort sind, wo sich Himmel und Erde berührt haben mögen. Auch wenn sie selbst den Marienerscheinungen skeptisch gegenüberstehen, reagieren viele Katholiken auf ihre spöttische Infragestellung recht empfindlich.

Absolution

FÜR MANCHE EIN RÄTSEL bis hin zum Absurden. Wie können sich Menschen einbilden, dass sie persönlich Sünden vergeben könnten? Ist das nicht aberwitzig?

Die Absolution ist der Ritus der Sündenvergebung im Rahmen einer Beichte. Zuerst müssen diejenigen, die (bei einem Priester) beichten wollen, ihre Sünden, Fehler, schlimmen Taten bekennen und sie tatsächlich bereuen. Erst dann können ihnen die Sünden vergeben werden. Meistens passiert das allerdings mit Auflagen zur Buße: wenn z. B. jemand geschädigt wurde, muss der Schaden wieder gutgemacht werden. Bei weniger belastenden Sünden kann die Auflage auch nur aus bestimmten Gebeten bestehen.

Für Katholiken ist die Beichte ein Sakrament, also ein Vorgang, der in besonderer Weise die Begegnung mit Gott ermöglicht. Sie leiten die Vollmacht zur Sündenvergebung aus dem Wort Jesu an Petrus ab: „Siehe, ich gebe dir die Schlüssel zum Himmelreich. Wem du die Sünden vergibst, dem sind sie vergeben; und wem du sie nicht vergibst, dem sind sie nicht vergeben" (Matthäus 16,19). Daraus hat die katholische Kirche über Jahrhunderte hin die Überzeugung entwickelt, dass Priester diese Absolution aussprechen können.

Inzwischen ist auch unter hiesigen Katholiken das Beichten eindeutig aus der Mode gekommen. Vielleicht sollte ihnen zu denken geben, wie sehr sie von anderen um diese Möglichkeit beneidet werden.

Aktive Sterbehilfe

AUCH SO EIN THEMA, bei dem Katholiken weltweit den Spielverderber machen. Sie finden aktive Sterbehilfe überhaupt nicht schick, weil sie in ihr einen Eingriff in Gottes Rechte sehen. Sie haben im Lauf ihrer Geschichte lernen müssen, dass gute Vorhaben oft genug katastrophale Ergebnisse haben, und dazu gehört auch die Absicht, Sterbende „von ihren Leiden zu erlösen". Mit ganz ähnlichen Begründungen hatten sich seinerzeit die Nazis bei der Euthanasie ans Werk gemacht, und das klingt vielen im Ohr. Unter Katholiken wird vermutet, dass es in Wirklichkeit bei der aktiven Sterbehilfe oft darum gehe, dass sich Angehörige oder Freunde des Sterbenden selbst von dessen Leiden erlösen wollen: Ich kann das nicht mehr hören, wie die herumstöhnt. Wann hört das denn endlich auf? Wenn man doch sowieso nichts mehr machen kann?!

Mittlerweile liegen bereits einige Erfahrungen etwa aus der liberalen Praxis mancher Länder vor, die die Befürchtungen der Katholiken leider bestätigen: zu viele Fälle, bei denen es nicht darum ging, den Willen von Sterbenden zu respektieren, sondern eher den von Angehörigen oder Ärzten.

Um ein Sterben in Würde zu ermöglichen, haben sich viele Katholiken an der Gründung von Hospizen beteiligt, wo Sterbenden eine gute Begleitung gegeben wird (und genug wirksame Schmerzmittel). Zuwendung, Geduld, Aushalten. Hört sich einfach an. Ist es aber nicht immer.

Taufe

MAN WIRD NICHT auf den Papst oder die katholische Kirche getauft, sondern auf den dreieinigen Gott. Zur Taufe gehören alte Symbole: das Taufwasser; die Salbung mit dem Chrisam der Könige Israels; das weiße Taufkleid; die Taufkerze; der sogenannte Effata-Ritus (der für die Wahrnehmung Gottes öffnen soll).

Überwiegend werden Kinder getauft, aber die Zahl der Erwachsenentaufen nimmt wieder zu. Katholiken nehmen sich das Recht zur Kindertaufe (wo die Kleinen doch noch gar nicht verstehen, wie ihnen geschieht – darf man das?) aus zwei Gründen heraus:

Bevor Menschen etwas tun können, gibt Gott etwas her von sich, nämlich Zugehörigkeit. Menschen antworten immer erst darauf. Insofern bekommen auch die Kinder vorbehaltlos etwas geschenkt. Und zweitens treten an Stelle des Kindes in der Kindertaufe die Eltern und die Paten auf. Sogar die neuere Hirnforschung belegt, dass Eltern in jedem Fall mehr Weichen stellen, als ihnen bewusst ist. Wer nie mit seinen Kindern Religion einübt und dann so tut, als könnte ein Mensch später bei null anfangen, hat leider etwas gar nicht verstanden.

Und darum antworten die Eltern stellvertretend auf die Frage: Willst du zur Kirche gehören? Willst du Christus nachgehen? Willst du dem Bösen widerstehen? Später, bei der Firmung, spricht das Kind dann für sich selbst. Dann kann es auch Nein sagen. Oder Ja. „Vielleicht" allerdings nicht.

Katholische Soziallehre

JESUS HAT SICH nicht zu künstlicher Befruchtung, dem Kündigungsschutz oder der Pressefreiheit geäußert. Darum haben sich Katholiken im Lauf der Zeiten ihre Soziallehre gestrickt.

Dass es so etwas gibt, ist auch vielen Katholiken unbekannt. Gemeint sind damit die Grundsätze, die nach katholischer Auffassung nötig sind, damit eine Gesellschaft funktioniert und nicht auseinanderfliegt. Die katholische Soziallehre setzt sich dabei gern und mit voller Absicht zwischen die Stühle des Kapitalismus und des Sozialismus.

Denn sie verteidigt die Würde der menschlichen Person auch dort, wo man gern über sie hinwegsieht, weil dadurch etwas schneller gehen, ansehnlicher oder profitabler aussehen soll. Sie besteht auf so etwas wie Solidarität zwischen den Leuten, die viel haben, und denen, denen alles fehlt. Wo nur der Stärkste überleben sollte, erhebt sie Einspruch.

Andererseits predigt sie den Grundsatz der Subsidiarität: Was du selber machen kannst, mach auch selber. Übergeordnete Kräfte wie der Staat oder eine kirchliche oder andere Organisation sollten erst dann etwas tun, wenn es vor Ort und allein nicht mehr geht. Und sie findet, dass alle Menschen ein Recht auf Eigentum haben – allerdings bringt dieses Eigentum auch eine Menge Verpflichtungen mit sich.

Freunde und Feinde hat die Katholische Soziallehre mittlerweile in jedem politischen Lager. Also könnte etwas an ihr dran sein.

Index

SOLANGE MÖNCHE in ihren Schreibstuben alle Texte der Welt mühsam von Hand abschrieben, schien eine gewisse Kontrolle fast von allein gewährleistet. Aber dann kam es zur Erfindung des Buchdrucks, und plötzlich verbreiteten sich rasend schnell Nachrichten, Kritik und ketzerische Ideen – wie zum Beispiel die eines gewissen Herrn Luther. Ein Papst reagierte panisch und erfand: den Index.

Der „Index der verbotenen Bücher" listete die Schriftsteller und deren Werke auf, die weder gelesen werden durften noch zu Hause aufbewahrt, weder verkauft noch übersetzt und auf keinen Fall weitergegeben werden durften. Diese Bücher mussten vernichtet oder in speziellen Bibliotheken inhaftiert werden. Man denkt unwillkürlich an das Verhalten gegenüber ansteckenden tödlichen Viren, die in klinischen Hochsicherheits-Abteilungen in Quarantäne gehalten werden müssen. Und zweifellos empfanden das die Herren des Index ziemlich ähnlich.

In Wirklichkeit steckte ein gerüttelt Maß Misstrauen, ja Unglaube dahinter: dass durchschnittliche Christen erwachsen genug sein sollten, um Angriffen auf ihre Tradition selbst entgegenzutreten, hielten die Index-Verwalter für unmöglich.

1559 eingeführt, führte der Index sein unseliges Dasein tatsächlich bis zum Zweiten Vatikanischen Konzil und wurde erst 1966 aufgehoben. Er war schon lange vorher auch unter Katholiken zum Witz geworden. Wenige Bücher fanden Katholiken so attraktiv wie die auf dem Index. Das hätte man seit Adams Reinfall mit dem Apfel wissen können.

Fegefeuer

BEI DIESEM WORT drängt sich das Bild einer Putzaktion mit einem Flammenwerfer auf. Putzaktion stimmt auch irgendwie. Die Idee des Fegefeuers entstand aber aus einem Dilemma.

Denn einerseits waren die Christen schon immer überzeugt davon, dass es ein Leben nach dem Tod gibt, in Gemeinschaft mit Gott. Andererseits konnte das aber nicht automatisch eintreten, mit sofortiger Herrlichkeitsgarantie gleich nach dem letzten Schließen der Augen. Denn die wenigsten Verstorbenen, das mussten sich sogar ihre engen Verwandten eingestehen, hatten ein gänzlich heiliges Leben in aller Hingabe und ohne Sünden geführt. Also musste es in der Logik der Gläubigen so etwas wie einen Zwischenzustand geben, zwischen dem Tod und dem ewigen Leben, in dem die Menschen auf ihre Erlösung vorbereitet werden.

Dieser Zwischenort hieß auf Lateinisch und sachlich zutreffend „purgatorium", also „Ort der Reinigung"; im deutschen Sprachgebrauch wurde das „Fegefeuer" daraus. Katholiken glauben, dass ihre Fürbitte den Verstorbenen helfen wird, die sich dort befinden.

Reinigung von Schuld geht nicht ohne eigene Reue. Das kann wehtun. Dass das Bild vom „Feuer" in diesem Zusammenhang aber nur eine reichlich hilflose Vorstellung ist, weil die menschliche Fantasie so beschränkt ist, wissen auch Katholiken.

III

Die Katholiken und ihre Liebe

Sex

KATHOLIKEN SIND genauso daran interessiert wie der Rest der Menschheit. Allerdings sind beim Sex für Katholiken von Anfang an auch andere mitgedacht: Kinder nämlich. Man beteiligt sich sozusagen lustvoll an der Schöpfung Gottes. Damit das in den richtigen Bahnen verläuft, wird die explosive Kraft der Geschlechter streng ritualisiert.

Natürlich kommt es auch unter Gläubigen zu wechselnden Beziehungen zwischen Männern und Frauen. Aber das ändert nichts daran, dass Katholiken dabei schnell etwas fehlt. Orgasmen sind zu wenig. Was fehlt, ist der Rahmen eines Versprechens von Treue bis zum Tod und damit eines gemeinsamen Lebensprojektes, das man zwar startet, aber nicht im Ernst überblickt.

Es hat immer wieder in der Kirchengeschichte Versuche gegeben, Sex schlechtzumachen (Motto: lieber Engel sein als Menschen, am besten ab morgen). Trotzdem haben viele Katholiken einen ganz guten Instinkt dafür entwickelt, was Sex mit Gott zu tun hat. Wenn der Erschaffer der Welt den Leib eines Menschen angenommen hat, dann kann an diesem Leib nichts an sich schlecht sein – auch nicht die Körperteile, die die Geschlechter unterscheiden. Das Bewusstsein dafür ist heute sicher stärker als früher. Entgegen körperfeindlicher Strömungen hat das kirchliche Eherecht seit Jahrhunderten immer darauf bestanden, dass eine Ehe erst dann gültig geschlossen wird, wenn es nicht nur irgendwelche Versprechen gegeben hat, sondern auch tatsächlich Sex zwischen dem Paar. Erst Sex besiegelt die Liebe. Nichts für Engel.

Zölibat

EIGENTLICH KEINE katholische Erfindung. Das Gelübde, auf Sex mit einem Partner zu verzichten (und nicht zu heiraten), gibt es bekanntlich auch im Buddhismus oder im Hinduismus. Seltsamerweise wird der – immerhin freiwillige – Zölibat aber gerade in den Ländern des Westens fast als Fall für Amnesty International gesehen.

Ein Menschenrecht wird dabei wohl ebenso wenig verletzt wie bei dem Versprechen, einem einzigen konkreten Menschen ein Leben lang treu zu bleiben. Kritiker des Zölibats tun gern so, als wären Fälle von Kindesmissbrauch durch einzelne Priester oder Ordensleute (verheiratete Päderasten gibt es nachweislich ungleich mehr) ein Argument gegen den Zölibat. Die sind so sexuell unterdrückt, da muss sich das doch irgendwie Bahn brechen! Dabei wird gern vergessen, dass ein großer Anteil der Singles faktisch auch zölibatär lebt. Vielleicht nur deshalb, weil die oder der Richtige nie auftaucht, aber eine Zölibats-Erfahrung ist es offensichtlich trotzdem.

Also warum die ganze Aufregung? Vermutlich ist für viele Menschen, die lebenslang wechselnde Beziehungen für normal halten, jeder Mensch, der eine genau entgegengesetzte Verpflichtung eingeht, ein Ärgernis, das verunsichert. Dass es Leute gibt, die so etwas freiwillig machen, ohne verrückt zu werden, passt nicht zu den gängigen Klischees. Dass der Zölibat freilich für alle Zeiten die Bedingung für die Priesterweihe sein müsse, darüber sind sich Katholiken uneins.

Heiraten

WER IM ÜBERSCHWANG der Hormone eine katholische Frau oder einen katholischen Mann heiraten möchte, stellt sich am besten darauf ein, dass die oder der es ernst meint. Denn auch wenn viele katholische Ehen ebenso scheitern wie die von anderen, wird beteiligten Katholiken das Versprechen auf lebenslange Treue in den Ohren klingen – „in guten und in bösen Tagen". Bis zum Tod.

Im Gegensatz zu der nur standesamtlichen Trauung handelt es sich für Katholiken nämlich um ein Sakrament. Also um eine der sieben besonderen Möglichkeiten, Gott zu begegnen. Interessanterweise wird dieses Sakrament nicht etwa vom anwesenden Priester gespendet, sondern allein von den beiden Eheleuten selbst. So ein Sakrament kann nie mehr zurückgenommen werden.

Die Ehe könnte also tatsächlich zumindest von der einen Seite für immer gedacht sein. In Ordensgemeinschaften gibt es eine jahrelange Vorbereitungszeit auf die Gelübde, das sogenannte „Noviziat". Wenn jemand in dieser Prüfungszeit merkt, dass so ein Leben nichts für ihn ist, verlässt sie/er die Gemeinschaft einfach wieder. So eine Prüfungszeit könnten Paare heute eigentlich auch brauchen, und vielleicht war die frühere Möglichkeit der „Verlobung" tatsächlich einmal so gemeint.

Wie auch immer: vor dem Heiraten steht eine Entscheidung. Wir ziehen jetzt erst mal zusammen und probieren das aus … und dann schleppt es sich aus purer Gewohnheit Jahr für Jahr hin, und die „wilde" Ehe wird zur langweiligsten Sache der Welt – das ist damit wohl kaum gemeint.

Jungfräulichkeit

NICHT-KATHOLIKEN halten sie für eine biologisch gemeinte Aussage. Für Katholiken hat der Begriff wesentlich tiefere Bedeutungsschichten. Sie denken nicht zuerst an die Hochzeitsnacht oder an eine moralische Frage (Sex vor der Ehe: ja oder nein), sondern an die Jungfrau Maria. Von ihr glauben ja viele Katholiken allen Ernstes, dass sie mit Jesus vom Heiligen Geist schwanger geworden sei, ohne mit Josef geschlafen zu haben.

Doch schon immer war für Mystiker und Dichter, für Theologen und Heilige klar, dass das eigentlich Bewundernswerte hier nicht der oder jener körperliche Vorgang sei, sondern eine menschliche Haltung. Dass sich ein junger Mensch (Maria) in einer Gesellschaft (Israel), in der sein Geschlecht (Frau) als zweitrangig galt, nur auf das Wort eines Boten (Engel) hin ohne langes Überlegen auf das zweifelhafte Schicksal einließ, Gott in menschlicher Gestalt auf die Welt zu bringen, bewies einen überwältigend risikobereiten Mut. Diesen Mut, der aus einem reinen Herzen entspringt und aus einem tiefen Gottvertrauen, nennen Katholiken Jungfräulichkeit. Ein jungfräulicher Mensch ist jemand, der oder die bereit ist, sich auf die ganz und gar unbekannten und unvorhersehbaren Wege Gottes einzulassen.

Es versteht sich von selbst, dass, so verstanden, „Jungfräulichkeit" gar nichts Sexuelles bedeutet, und jungfräuliche Menschen Männer, Kinder und Frauen jeden Alters sein können. Und selbstverständlich auch Paare, die schon lange miteinander verheiratet sind.

Hochzeit in Weiß

HOLLYWOOD HAT SIE optisch ausgewalzt, das Fernsehen hat ihr den Rest gegeben: die Hochzeit in Weiß. Sie gilt als das strahlende Ende einer Liebesgeschichte. Was danach kommt, wird selten erzählt.

Wahrscheinlich, weil ein Alltag zu zweit nicht mehr so zum Verfilmen einlädt wie das abenteuerliche Hin und Her, das mit der besagten Hochzeit in Weiß den krönenden Abschluss findet. Für Katholiken allerdings ist diese Hochzeit ein aufregender Anfang mit der Chance auf ein spannendes Leben, nicht der Beginn von Langweile.

Ein Paar, bei dem eine oder einer der beiden katholisch ist, hat vor dem feierlichen Akt an einer mehr oder weniger ausführliche „Ehevorbereitung" teilgenommen. Erst danach kann eine Hochzeit erfolgen. Wenn sich in dieser Zeit herausstellt, dass einer oder beide nichts vom christlichen Glauben halten, sondern nur heiraten wollen, weil es in Kirchen eben festlicher zugeht als auf dem Standesamt, kann die kirchliche Hochzeit abgesagt werden.

Katholiken verstehen die Eheschließung als eine Berufung füreinander. Da diese Ehe dann als unauflöslich betrachtet wird, ist dieser Akt ein Risiko, das man niemandem empfehlen kann, der nicht weiß, wie dringend man dazu den Beistand Gottes braucht. Auch wenn eine Hochzeit in Weiß noch so nett aussehen würde … Wenn man sie nur deshalb feiern will – Finger weg!

Verhütung

JA, AUCH KATHOLIKEN wissen, wie es geht. Das verfügbare chemische Arsenal sowie Kondome aller Arten bis hin zu denen mit Pfefferminz-Geschmack sind ihnen recht gut bekannt, auch wenn mancher Bischof es lieber anders hätte. Offiziell gilt künstliche Verhütung generell als unerlaubt. Nicht darum, weil man die Bevölkerungsexplosion anheizen will, sondern weil man sich als Kind Gottes fühlen darf, das einen Teil der göttlichen Schöpferkraft bekommen hat – und die soll man wirken lassen, nicht behindern.

Inoffiziell verhalten sich Katholiken genauso pragmatisch, wie das viele andere Leute auch tun. Vielleicht mit etwas mehr Zurückhaltung bei künstlichen Verhütungsmitteln und mehr Neigung zu natürlicher Empfängnisverhütung als andere. Mittelfristig scheint auch tatsächlich einiges für den natürlichen Weg zu sprechen, der mehr Kenntnis des eigenen Körpers und seiner Rhythmen verlangt, als einfach die Pille zu nehmen, und das war's. Bis die Nebenwirkungen anfangen.

In den Ländern, in denen AIDS zu einer mörderischen Geißel geworden ist, klaffen die Haltungen der Theoretiker in den Zentralen (Bischöfe in den Hauptstädten: keine Kondome) und der Praktiker vor Ort (Ordensschwestern im Landesinneren: wenn nötig verteilen wir Kondome am Sonntag nach der Kirche) weit auseinander.

Ehescheidung

BEKANNTLICH GIBT ES für Katholiken nicht die Möglichkeit einer Scheidung. „Die gültige und vollzogene Ehe kann durch keine menschliche Gewalt und aus keinem Grunde, außer durch den Tod, aufgelöst werden", so das kirchliche Eherecht (doch, das gibt's auch). Die „gültige und vollzogene" Ehe – merken Sie was? Genau. Wenn die Ehe nicht gültig geschlossen wurde oder nicht vollzogen wurde, dann ist eine Ehe nämlich null und nichtig.

Aber auch nur dann. Wenn also eine der beiden Seiten nachweisen kann, dass die Ehe überhaupt nie gültig war, kann man sich trennen. Das letzte Wort darüber hat der zuständige Bischof bzw. als Berufungsinstanz der Papst. Ungültig kann eine Ehe sein, wenn einer der beiden nie getauft wurde, also kein Christ ist, oder nie gefragt wurde, ob er wenigstens den Glauben des anderen respektieren werde. Ungültig kann die Ehe auch sein, wenn einer der beiden intellektuell oder seelisch von Anfang an nicht begreifen konnte, was er da eigentlich macht.

Sobald die Ehe aber vollzogen wurde, fährt ein Zug, der kaum noch aufgehalten werden kann. Vollzogen bedeutet, Sex im Sinn von Koitus gehabt zu haben. Wenn einer der Partner dazu nie in der Lage war, ist auch eine Trennung möglich. Im Einzelfall kann sich so ein „Ehe-Nichtigkeits-Verfahren" lange hinziehen und das ganze übliche Gerichtsspektakel aufweisen. Einschließlich Waschen auch der schmutzigsten Wäsche in aller Öffentlichkeit.

Abtreibung

BEI UNMORALISCHEN Witzen sind auch Katholiken ganz gern dabei. Nirgendwo gibt es so viele antiklerikale Bemerkungen wie am Sonntag beim Kirchenchor auf der Empore. Aber es gibt auch Themen, da frieren bis dahin freundliche Gespräche schnell ein.

Bei den meisten Katholiken ist das der Fall beim Thema Abtreibung. Noch in den siebziger Jahren des letzten Jahrhunderts galt es für die fortschrittliche Intelligenzija nahezu als emanzipatorisches Gütesiegel, abgetrieben zu haben. Inzwischen hat sich der Wind deutlich gedreht. Die Abtreibungsprediger von damals sind auffallend leise geworden. Therapeuten aller Lager wissen inzwischen, welche Katastrophe eine Abtreibung auch für die betroffene Frau darstellen kann.

Katholiken verstehen Sexualität hierzulande als die Angelegenheit des zuständigen Paares, keiner römischen Direktive. Das ist nicht in allen Ländern so. Leider gibt es Gegenden, in denen die kirchliche Polemik gegen Verhütungsmittel zu einer hohen Dunkelziffer von Abtreibungen geführt hat. Dann doch lieber verhüten, möchte man meinen. Insgesamt haben Katholiken nichtsdestotrotz einen Horror davor, etwas gegen in einer Frau heranwachsendes Leben zu tun. Sie empfinden das als Tabu, über das sie nicht verfügen können. Womöglich handelt es sich um einen uralten Reflex der Evolution, der sich bei Katholiken besonders gut gehalten hat.

Homosexuelle Paare

EIN THEMA, DAS vielen Katholiken offensichtlich unangenehm ist. Eigentlich nicht deshalb, weil sie Homosexuelle nicht mögen würden, sondern weil sie jedes Mal ein neuer Anlass für Erklärungen ihrer Lebenseinstellung gegenüber einer Umwelt sind, die den katholischen Planeten nur in Teilen begreift, und das wenige, was sie begreift, unmöglich findet oder zurückgeblieben.

Denn Sexualität ist für Katholiken nun einmal zutiefst verbunden mit der schöpferischen Kraft, Leben zu erschaffen. Auch wenn sie nicht permanent auf Schwangerschaften aus sind, so wissen sie doch, dass das erotische Spiel von Paaren im Innersten um diese Möglichkeit kreist und sich im Ernst an ihr zu messen hat. Und dieser Aspekt taucht nun bei homosexuellen Paaren überhaupt nicht auf. Darum ist die erste katholische Reaktion auf homosexuelle Paare zunächst Irritation; man weiß nicht recht: Kann das überhaupt Liebe sein?

Wenn Katholiken schließlich lange genug homosexuelle Paare kennen (die vielleicht selbst katholisch sind), nimmt die Verunsicherung ab, und sie verstehen, dass es auch dort Treue und Hingabe geben kann. Allerdings kann es sich für Katholiken bei einer solchen Beziehung nicht um eine Ehe handeln, die sie als Sakrament verstehen, das grundsätzlich mit Kindern und dem Wagnis einer Familie zu tun hat. Eine Würdigung und Segnung eines homosexuellen Paares ist auch für Katholiken denkbar – eine kirchliche Eheschließung nicht. Mit einer Abwertung hat das aber auch gar nichts zu tun.

Treue

STEHT BEI KATHOLISCHEN Männern und Frauen ganz oben. Wenn sie sich auf jemanden einlassen, dann nicht, um sich trotzdem supermarktmäßig alles zu erlauben, was möglich wäre. Eine sogenannte „offene Beziehung" empfinden die meisten Katholiken als blanken Hohn. Sie haben weniger Angst, sich zu binden, als andere – wenn es die oder der Richtige ist.

Inzwischen gibt es sogar wissenschaftliche Untersuchungen, die unterstreichen, was altgediente Ehepaare schon lange gewusst haben. Dass sich nämlich eine erfüllte Sexualität weniger bei den Leuten findet, die laufend die Partner wechseln, sondern bei denen, die schon lange zusammen sind und den Körper des anderen und seine Bedürfnisse gut kennen. Auch wenn dieser Körper mit den Jahren nicht mehr so knackig erscheint wie früher.

Die Treue steht bei Katholiken auch darum so hoch im Kurs, weil es sich bei einer Ehe für sie nicht nur um eine Interessengemeinschaft zwischen zwei Menschen handelt. Sie wissen, dass sie miteinander einen spirituellen Weg gehen. Sie sind sozusagen Partner auf dem Pfad zu ihrer Erlösung. Das wirft man nicht weg, nur weil jemand kurzfristig Attraktives vorbeiguckt.

Erotischer Stil

NATÜRLICH FINDEN SICH auch unter den katholischen Paaren die lauwarmen Gewohnheitsverrichter, die sich einmal pro Woche (oder seltener) ihrem sexuellen Pflichtprogramm unterziehen. Natürlich hängen auch manche Katholiken mit Birkenstock-Sandalen, kurzen Männerhosen und/oder weißen Söckchen die erotische Messlatte ganz tief. Doch generell ist es nicht so. Die Chancen sind groß, dass ein religiöser Stil mit Symbolen, ritueller Disziplin und sinnlichen Zeichen auch dem Eros eine Gestaltungskraft geben kann, wo andere Leute nur von Sex reden. Salsa, Merengue und Tango sind nicht zufällig im katholischen Kontext entstanden. In den puritanischen Bibelgebieten der USA oder der wahhabitischen Musikfeindlichkeit Saudi-Arabiens wären sie kaum vorstellbar gewesen.

Denn erotische Kultur ist ja ein Spiel aus Verhüllen und Zeigen, aus Blicken und Berührung, Nähe und Distanz, das man sich erst einmal erlauben muss. Das aber wird Katholiken sogar jeden Sonntag in der Kirche vorgemacht.

Ein Rhythmus aus Fasten und Erfüllung ist auf lange Sicht reizvoller und menschlicher als permanente Befriedigungsbereitschaft à la ALDI-Regalangebot. Darum haben Katholiken vermutlich etwas mehr Chancen auf einen erfüllenden erotischen Stil als andere: schöpfungsbejahend, mit wenig schlechtem Gewissen, risikobereit, beschützt in der Bindung, farbenfreudig, diszipliniert und ohne Angst vor Kindern. Kann ziemlich gut sein. Muss nicht. Kann.

IV

Die Katholiken und ihre heiligen Dinge

Weihrauch

VIELE VERSTEHEN Weihrauch als unverwechselbar katholisch, und das ist er im Vergleich zu protestantischen Gottesdiensten auch. Woanders wird er allerdings noch intensiver eingesetzt, in den orthodoxen Kirchen zum Beispiel. Diese Kirchen haben den Weihrauch vom Hof-Zeremoniell der römischen Kaiser übernommen. Eigentlich als eine Herausforderung: Menschen haben keinen Weihrauch verdient – Gott aber schon. Dieser Weihrauch wird seit Jahrhunderten in den Kirchen abgebrannt, manchmal angenehmen duftend, manchmal in solchen Schwaden, dass er zum Husten reizt und es sogar den Ministranten schlecht wird.

Die technischen Schwierigkeiten sollten nicht unterschätzt werden. Wird das Weihrauchfass unprofessionell bedient, geht die glühende Kohle darin aus, und von Rauch kann keine Rede mehr sein (was die Ministranten, die daran schuld sind, als erniedrigende Panne empfinden).

Natürlich kann man sich auf den Standpunkt stellen, dass man so etwas wie Weihrauch überhaupt nicht braucht für einen Gottesdienst, weder innerhalb noch außerhalb kirchlicher Räume. Stimmt natürlich. Weihrauch hat man, streng genommen, für diesen Zweck genauso wenig nötig wie Blumen am Altar, genauso wenig wie Kerzen, wie farblich wechselnde Gewänder, wie Glocken und so weiter. Aber wer will schon solche farblosen, nüchternen, arm gemachten Gottesdienste? Katholiken jedenfalls nicht.

Ewiges Licht

SIE BETRETEN EINE Kirche, vielleicht gegen Abend. Niemand ist da. Sie schließen die Kirchentür und nehmen auf einer der Bänke Platz. Es ist dunkel und still. Woran merken Sie, dass Sie nun in einer katholischen Kirche sitzen?

An einem kleinen roten Licht, das sich in der Nähe des Altars etwas über Kopfhöhe befindet. Es handelt sich um das „ewige Licht". Es brennt Tag und Nacht, alle Jahre hindurch (natürlich wird es ausgetauscht, wenn es einmal abgebrannt ist) und ist eine Erinnerung an die ewige Gegenwart Gottes.

Für Katholiken ist es so etwas wie ein optisches Signal für Heimat. Sich in einer katholischen Kirche zu befinden, in der das ewige Licht ausgegangen ist, macht Katholiken unruhig und beschäftigt sie zutiefst: ist Gott jetzt gerade weggegangen? Wohl kaum. Nur die Mesnerin oder der Mesner hat nicht aufgepasst. Wenn eine Kirche aufgegeben wird (auch das kommt vor), bläst ein Bischof feierlich das ewige Licht aus. Hier bleibt es dann auch aus.

Normalerweise brennt das ewige Licht aber. Es ist unaufdringlich da. Manchmal wirkt es wie ein Licht zwischen den Bäumen im Wald, wenn man sich verlaufen hat. Erleichternd: Da wohnt jemand. Den kann man nach dem Weg fragen.

Beichtstuhl

IN MANCHEN KIRCHEN gibt es sie schon gar nicht mehr. In anderen stehen noch die schrankartigen Aufbauten, meistens dreigeteilt, mit jeweils separaten Türen oder Kniebänken. Gedacht ist es so, dass in der Mitte ein Priester Platz nimmt und links und rechts Gläubige zur Beichte niederknien können. Zwischen dem Gläubigen und dem Priester befindet sich ein kleines Gitter, sodass man hindurchsprechen und -hören kann, aber nicht sieht, wer sich auf der anderen Seite befindet.

Damit soll ein Höchstmaß an Verschwiegenheit hergestellt werden. Hinzukommt das den Priester verpflichtende Beichtgeheimnis. In den Gemeinden sind die Zeiten bekannt, wann eine Beichte möglich ist. Dann finden sich in Beichtstuhl-Nähe diejenigen ein, die beichten möchten, und setzen sich in eine Kirchenbank oder knien sich hin, bis sie an der Reihe sind.

Man betritt den Beichtstuhl, kniet sich auf die darin befindliche Bank und beginnt mit der Beichte dessen, was man falsch gemacht hat. Nach dem Abschluss der Beichte begibt man sich hinaus. Lange Zeit waren die Beichtstühle völlig aus der Mode; stattdessen gab es eigene Beichträume, in denen man sich auf Stühlen offen gegenübersaß. Inzwischen weist manches auf eine leichte Renaissance der Beichtstühle hin. Die Abgeschlossenheit, Ruhe und das diskrete Dunkel darin werden oft als angenehm heruntergesetzte Hemmschwelle empfunden. Manchmal angenehmer als eine Couch à la Sigmund Freud.

Das Allerheiligste

DAS SOGENANNTE „ALLERHEILIGSTE" ist ein merkwürdiger Ort in katholischen Kirchen. Wenn man eine Kirche betritt, verneigt man sich oder macht eine Kniebeuge. Aber nicht in Richtung zum Altar, sondern in Richtung zum „Allerheiligsten". Es hat auch noch einen weiteren Namen, der zunächst noch etwas mysteriöser klingt: der „Tabernakel". Wer schon einmal in Südeuropa im Urlaub war und eine „Taverna" besucht hat, weiß eigentlich auch schon, was „Tabernakel" heißt, nämlich so viel wie „kleine Taverne". Ein Tabernakel ist wörtlich verstanden also ein sehr kleines Gasthaus. Auf etwas rührende Weise wird damit der Kern der Sache genau getroffen.

Und wo genau steht das nun, dieses „Allerheiligste" bzw. der „Tabernakel"? In einer unbekannten Kirche sieht man es oft nicht gleich. Meist handelt es sich um einen kleinen goldenen Kasten, der seitlich oder hinter dem Altar angebracht ist. Priester und Ministranten wissen auch am ehesten, was sich darin genau befindet: Es sind nur die Gefäße und die Hostien von der letzten Eucharistiefeier, die in ihnen aufbewahrt werden.

Insofern hat dieser Ort mit dem Geheimnis der Wandlung und des Mahls danach zu tun, und die „kleine Taverne" Gottes trägt ihren Namen ganz zu Recht. Wer seine offenen Rechnungen beglichen hat, darf auch mitessen.

Heiliges Gebäck

NATÜRLICH KANN GEBÄCK nicht wirklich „heilig" sein; Heiligkeit ist keine Eigenschaft von Dingen. Allerdings kennt man in der katholischen Welt eine Menge Backwerk, das nur im Rahmen heiliger Zeiten hergestellt und gegessen wird. Es beginnt mit dem „Baselmann", „Klausmann", „Dambedei" oder wie die kleine, goldbraun gebackene Teigfigur in den verschiedenen Regionen auch genannt werden, mit Rosinen statt Augen und Knöpfen. Dieses Männchen aus Hefeteig bekommt man um die Nikolaus-Zeit herum, und Nikolaus ist jedenfalls immer am 6. Dezember. Dass es an Silvester die Neujahrsbrezel gibt, hat sich herumgesprochen.

Zu Dreikönig (6. Januar) backt man dann in vielen Gegenden den „Dreikönigskuchen". Der Witz bei diesem Kuchen ist, dass in ihm eine Bohne oder ein kleines Geldstück versteckt wurde. Wer darauf beißt, gilt an diesem einen Feiertag als Königin oder König im Haus und darf bestimmen, was an diesem Tag läuft.

Am Donnerstag vor Fasnacht gibt es dann Krapfen („Berliner"), mit Marmelade gefüllt, oder „Scherben", beides in viel Fett gebacken und mit Zucker bestreut. In der Fastenzeit hat man natürlich nichts dergleichen. Aber danach schon: das Osterlämmchen aus zartestem Biskuit-Teig, bepuderzuckert.

Liebe geht durch den Magen, ja. Aber der Glaube auch? So insgeheim halten Katholiken das für möglich.

Weihwasser

MAN BEGEGNET DIESER geheimnisvollen Flüssigkeit allerorten. Wer eine Kirche betritt, findet gleich am Eingang eine Schale oder ein Becken mit diesem Wasser. Einen Finger hineintauchen und ein Kreuzzeichen machen: So ist es gedacht. Bei diversen Festen werden die Kirchgänger damit besprengt, ob es ihnen gefällt oder nicht. Traditionelle Katholiken haben oft daheim im Türbereich oder, falls es so etwas noch gibt, im sogenannten Herrgottswinkel, einen kleinen Weihwasserbehälter an der Wand. Man taucht die Finger hinein und bekreuzigt sich damit.

Normales Wasser wird durch ein von einem Priester darüber gesprochenes Segensgebet zum Weihwasser. Mit ihm wird die göttliche Befreiung Israels beim Auszug aus Ägypten ins Gedächtnis gerufen – die verfolgenden Truppen des Pharao kamen im Wasser um, und das Volk zog in die Freiheit. Dementsprechend stellt das Weihwasser auch die Verbindung zur Taufe her, in der die sogenannte Erbschuld abgewaschen und ein neuer Anfang möglich wurde.

Wenn sich Christen im Lauf ihres Lebens mit diesem Wasser bekreuzigen, dann ist es jedenfalls gedacht als Zeichen der Freiheit von Christenmenschen, nicht als magische Flüssigkeit, die womöglich Vampire vertreibt.

Reliquien

EINE LOCKE VOM Liebsten in einem Medaillon aufheben. Die Babyschuhe von damals! Opas letzter Brief. Solche Überbleibsel von jemandem, den man liebt, haben eine besondere Bedeutung. Und so ist es auch mit Reliquien (auf Deutsch „Überbleibsel, Reste"). Reliquien sind das, was von Heiligen übrig blieb.

Inzwischen sind Katholiken selbst skeptisch geworden, was die zwangsläufig wundersame Wirkung solcher Reliquien angeht. Entsprechend der kirchlichen Lehre dazu machen Reliquien dann Sinn, wenn man sich anhand ihrer das Leben der Heiligen vergegenwärtigt. Aber nicht, wenn man sie als magisches Material versteht.

Früher war das ganz anders. Da stand die Wunderkraft von einem Stück Kniescheibe des heiligen Markus ebenso wenig außer Frage wie ein Splitter vom Original-Kreuz. Natürlich ging es auch um wirtschaftliche Interessen: Die Stadt, die bestimmte Reliquien bieten konnte, wurde zum Wallfahrtsort mit allen angenehmen Folgen für das regionale Gewerbe.

Vorbei, alles vorbei. Aber ist es nicht merkwürdig anrührend, vor dem gläsernen Sarg einer Heiligen zu stehen und auf den Goldschmuck und den silbernen Draht zu blicken, der ihr liebevoll über das Skelett drapiert wurde? Wieder so ein Stillleben, bei dem der Betrachter schwankt zwischen Verunsicherung und Faszination.

Monstranz

DAS WORT KOMMT, wie manches in der katholischen Welt, aus der alten lateinischen Kirchensprache. „Monstrare" heißt „zeigen", und die Monstranz ist ein Gerät, mit dem man etwas herzeigt und ausstellt. In diesem Fall die Hostie. Die Monstranz ist meistens aus Gold oder vergoldetem Metall, hat einen Sockel, auf dem sie stehen oder an dem sie gehalten werden kann, und ist einem Strahlenkranz nachempfunden. In der Mitte der Strahlen ist eine Halterung für eine Hostie angebracht. Bei besonders feierlichen Gelegenheiten wird die Monstranz segnend im Kirchenraum erhoben oder im Freien getragen.

Die Monstranz wird von Katholiken als ausgesprochen machtvoller Gegenstand empfunden. In der kirchlichen Bildgeschichte wurden immer wieder legendäre Szenen überliefert, wo ein Priester mit der Monstranz in der Hand feindliche Heere zurückschlägt oder Heilungen vollbringt. Ob auch immer diese Szenen je tatsächlich stattgefunden haben, in jedem Fall ist die Monstranz ein theatralischer Fingerzeig auf das Geheimnis der Eucharistie. Hier, seht alle her, in so einem Stück Brot kann sich Gott selbst verbergen!

Wenn die Monstranz in der Flurprozession durch die Feldwege oder an Fronleichnam durch die Straßen der Städte getragen wird, wird sie zu einem fast mystischen Zeichen: Die Kommunion Gottes mit der Welt, die er geschaffen hat, findet täglich statt und überall. So wird die Monstranz zu einem Hinweis, dass es für katholische Seelen keine gottfreien Räume gibt, nirgendwo.

Osterkerze

DA IST ER WIEDER. Der katholische Hang, überall visuell eins draufzusetzen. Natürlich hätte man einfach eine ansehnliche Kerze nehmen können, anzünden, abstellen, Schluss. Aber nein, bei Katholiken muss es etwas mehr sein.

Diese Kerze hat mindestens einen Meter Höhe und bis zu zehn Zentimetern Durchmesser. Da sie mit dem Kreuzestod Jesu zu tun hat, muss irgendwo ein Kreuzzeichen groß angebracht werden, meistens von goldener Farbe. Dann werden fünf blutrote Nägel aus Wachs in sie hineingebohrt, im Gedenken an die Wunden des Heilands. Es folgt der unbescheidene Hinweis, dass Christen diese Auferstehungs-Nacht für das erste und letzte Wort in der Geschichte der Menschheit halten. Darum wird in dicken Wachsbuchstaben ein Alpha und ein Omega (der erste und letzte Buchstabe des griechischen Alphabets) darauf befestigt. Schließlich stehen die aktuellen Jahreszahlen dabei, damit jedem klar ist, wer der Herr über die Zeit ist.

Diese Zeichen sind aber nur die optische Pflicht. Viele Gemeinden setzen noch ihre Kür obendrauf: den Namen des Kirchenpatrons, vielerlei Symbole von Wellen, Hostien, eine Taube bis hin zu kompletten biblischen Szenen.

In der Osternacht wird diese Kerze draußen vor der Kirche am Osterfeuer entzündet und in die innen noch dunkle Kirche getragen – weil mit der Auferstehung Christi das Licht in die Welt kam. Von nun an steht die Osterkerze in Altarnähe bis zum nächsten Osterfest. Dann fängt das Ganze von vorne an. Man hat schon darauf gewartet.

Herrgottswinkel

MAN SIEHT IHN nicht mehr so häufig. Früher traf man ihn in den meisten katholischen Wohnungen an, meistens in der Küche. Da hing in einer Ecke, leicht nach vorn über den Esstisch geneigt, ein Kruzifix. Daneben war oft auch ein kleines Weihwassergefäß montiert. Der so eingerichtete Herrgottswinkel hatte für Besucher eine eindeutige Signalfunktion: Hier wohnen Katholiken, wenn du hier Platz nimmst, hast du mit Tischgebet und Kreuzzeichen zu rechnen, und mit billigen Scherzen über die Kirche hältst du dich besser zurück.

Inzwischen haben sich Herrgottswinkel oft nur auf dem Land gehalten. Insgesamt geht es in den Familien ein bisschen diskreter zu. Es war nicht jedermanns Sache, bei der guten Suppe und beim Bier immer den sterbenden Jesus zu betrachten. Statt Herrgottswinkel findet man nun vielleicht ein einfaches Bild oder ein Kreuz ohne den Gekreuzigten, wenn überhaupt.

Eigentlich handelt es sich vor allem um eine Warnung, vor lauter Routine im Alltag Gott nicht untergehen zu lassen. Wie hatte es Teresa von Avila einmal ausgedrückt? „Vergesst nicht, dass Gott euch inmitten der Töpfe nahe ist."

Altar

ALTÄRE GIBT ES in katholischen Kirchen in verwirrender Vielfalt und in allen Stilklassen. Inzwischen stehen in den meisten Kirchen sogar zwei davon. Einer hinten im Altarraum, sehr wahrscheinlich ist er auch der ältere. Oft ist er mit einem aufwendigen, emporragenden Aufbau mit Bildern und Statuen geschmückt und heißt darum auch Hochaltar.

Viel näher bei den Bänken befindet sich dann der zweite, jüngere Altar. Nur noch er wird für die Eucharistiefeier benutzt. Vor dem Zweiten Vatikanischen Konzil war es üblich, dass der Priester während der meisten Zeit im Gottesdienst vor dem Hochaltar stand und der Gemeinde den Rücken zukehrte. Nach Auffassung des Konzils aber sollte der Priester die Gemeinde ansehen und so nahe bei ihr sein, dass der Gedanke eines gemeinsamen Mahles wieder deutlich würde. Darum der neuere Altar. Mehr Nähe war auch der Grund dafür, dass seither die alten, oft prächtigen Kanzeln keine Aufgabe mehr haben.

In manchen Gemeinden besteht der Altar einfach aus einem mehr oder weniger ausgestalteten Tisch, woanders ist er aus wuchtigem Stein oder einem stattlichen Holzblock. In viele der Altäre sind Reliquien von Heiligen eingelassen. Wenn eine Gemeinde einen neuen Altar braucht, ist die Wahrscheinlichkeit für größere Streitereien ziemlich groß, weil sich jeder etwas anderes unter ihm vorstellt.

Zu Beginn und zum Ende der Eucharistie küsst der Priester den Altar. Da spielt es dann überhaupt keine Rolle, wie der Altar aussieht.

Weihwassersprengel

EIN DURCHAUS SPEZIELLER Gegenstand. Wer an bestimmten Hochfesten in katholischen Kirchen ist, wird seine Wirkung zu spüren bekommen. Es handelt sich um eine metallene Kugel (oft aus Silber), etwas größer als ein Tischtennisball, mit kleinen Löchern darin und an einem Stiel befestigt. Der Weihwassersprengel wird vom Priester im Gottesdienst über die Köpfe der Gemeinde geschwungen, manchmal eher zaghaft, manchmal mit spielerischer Begeisterung. Assistiert wird von einem Ministranten, der oder die ein kleines Eimerchen mit Weihwasser trägt. Dort hinein wird der Sprengel getaucht, die perforierte Kugel nimmt das Wasser auf, und dann schreitet der Priester durch die Kirche, den Sprengel dabei in alle Richtungen schwenkend.

Das Ergebnis ist ein Kleinst-Regen auf Köpfe, Kleider, Bänke und Gebetbücher. Die meisten Leute freuen sich, wenn sie ein bisschen nass werden davon, Kinder finden es fabelhaft.

Was dieses Spektakel in einer Kirche überhaupt soll? Katholiken stellen eine direkte Verbindung her zwischen dem Wasser, das da verteilt wird, und dem der eigenen Taufe. Sie sind sich nur zu gut bewusst, dass man sogar vergessen kann, wofür man getauft worden ist. Also haben sie sich solche Zeichen in ihr Jahr eingebaut. Natürlich könnte man das auch einfach eindringlich in ein Mikrofon sagen – aber warum etwas nur verbal äußern, wenn man auch ein kleines Vergnügen daraus machen kann?

Wegkreuze

WENN MAN SICH in einer unbekannten Gegend herumtreibt, hat man zumindest über die konfessionelle Prägung der Landschaft dann Gewissheit, wenn man vor einem Wegkreuz steht: Hier muss es Katholiken geben. Meistens handelt es sich um ein Kreuz aus Holz oder Stein, wesentlich höher als ein Mensch und auf einem Podest, ebenfalls aus Holz oder Stein. Oft ist es von irgendjemandem gestiftet worden, für den genau dieser Standort eine besondere Bedeutung hat. Etwa weil hier jemand einen tödlichen Unfall hatte, weil genau hier jemand gerettet wurde, oder weil die Stifter das für den Platz hielten, an dem sie den meisten Effekt für ihr Geld bekamen.

Auf dem Kreuz befindet sich meistens auch der Körper des gekreuzigten Jesus. Manche Wegkreuze sind unverblümte Darstellungen des schmerzhaften Kreuzigungsvorganges (darum doppelbödig-gemütlich im Bayerischen als „Marterl" bezeichnet). In manchen Gegenden stehen Wegkreuze, auf denen der Leib eines Gekreuzigten zu sehen ist, dem die Hände und die Füße fehlen. Dabei handelt es sich nicht etwa um ein Versehen oder eine Beschädigung, sondern um eine überdeutliche Aufforderung: das ganze Gerede vom Christsein ist so lange nichts wert, bis man Jesus die eigenen Hände und die eigenen Füße leiht.

Oft steht unten auf dem Kreuzpodest der Wortlaut eines Gebets, das vom Betrachter gebetet werden sollte. Da ist dann der Taufschein ganz unwichtig.

Gold und Silber

NATÜRLICH KÖNNTE MAN auch andere Materialien nehmen. Etwas Praktischeres. Etwas weniger Auffallendes. Einen schön demütigen Becher in dunklen Farben. Einen Brotkorb, fertig. Manche politisch korrekten Philister behaupten allen Ernstes, dass sich über den Verzicht auf gottesdienstliches Gold die Armen freuen würden.

Wenn man nichts anderes hat, nimmt man natürlich auch etwas Einfacheres. Aber wenn man es sich aussuchen kann, unter Katholiken, dann greift man am Altar und im Gottesdienst zum blinkenden, strahlenden Edelmetall. Da ist das Weihrauchgefäß ebenso aus Gold oder aus Silber wie der Kelch, die Monstranz ebenso wie die Schale für das Brot, gern auch noch ein bisschen davon am Altar selbst, gern auch am Priestergewand, am Kreuz, an Heiligenstatuen, gern am Tabernakel.

Haben Katholiken mehr Geld als andere? Sind sie unrettbar eitel oder protzsüchtig? Das kann man nicht immer ausschließen. Allerdings wird das hier verwendete Gold ganz bewusst eingesetzt, seit Jahrhunderten und völlig jenseits von individuellem Besitz: Es ist kostbar, es ist selten, es ist ganz und gar nicht Alltag. Es ist Ausdruck des Festes im Alltag, der strahlenden Feier, der Freude über das, was da gerade geschieht. Gold und Katholiken gehen im Gottesdienst eine wie selbstverständliche Verbindung ein. Man gönnt sich ja sonst nichts.

Kreuzschmuck

VOR EIN PAAR JAHREN hat es angefangen. Irgendein Model hing sich ein kultiges Kreuz aus Edelmaterial über die Brust, irgendein Popstar ließ sich kostbare Steine in Kreuzform als Gürtelschnalle montieren. Mittlerweile trotten Tausende von Leuten mit diesem Symbol durch die Landschaft, ohne auch nur annähernd zu begreifen, worum es sich handelt.

Katholiken sind mit dem an der eigenen Person hergezeigten Kreuz traditionell eher zurückhaltend. Man weiß um den Anspruch und hat eine gewisse Scheu, sich damit zusammen auszustellen. Ordensleute machen das oder Priester, die tragen ein kleines Abzeichen mit Kreuz auf dem Revers oder haben ein kleines Holzkreuz um den Hals. Unter jungen Leuten kam ein kleines Taizé-Kreuz auf, aber eher als Hinweis der Zugehörigkeit, zur Identifizierung. Die Einzigen, die ein Kreuz aus Gold oder Silber an einer Kette auffallend auf der Brust trugen, das waren – nein, nicht katholische Rapper aus der römischen Bronx; es waren Äbtissinnen und Äbte bestimmter Orden, die Bischöfe oder der Papst.

Bis heute schwanken Katholiken in ihren Gefühlen, wenn sie Kreuze als Modeschmuck sehen, zwischen Verletzung (Was fällt der ein, Christi Kreuz so zu missbrauchen?), Amüsiertheit (So blöd kann man doch gar nicht sein, nicht zu wissen, wozu man sich damit bekennt!) und Nichtbeachtung (Ich schau da jetzt nicht hin, auch wenn's noch so glitzert!). Zur Waffe greift man deshalb jedoch nicht.

Glöckchen

EIGENTLICH GOTTESDIENSTLICHES Zubehör aus den alten Zeiten, als die gesamte Eucharistie ausschließlich auf Lateinisch gefeiert wurde. Das war jahrhundertelang so gewesen. Und das hatte leider die Folge, dass die meisten Menschen in der Kirche, weil sie kein Latein konnten, nur eine sehr ungefähre Ahnung davon hatten, was da eigentlich wann passierte. Weil aber niemand das Herzstück der Messe, die Wandlung, verpassen wollte, ergriffen die Ministranten ihre Handglöckchen (tatsächlich ein kleines Gestell mit vier bis sechs Glöckchen) und klingelten dann kräftig.

Das war das Signal für die andächtige Menge: Achtung – jetzt ist die Wandlung dran! Woraufhin alles in die Knie sank. Der Priester erhob die Hostie und sprach „Hoc est enim corpus meus" (auf Deutsch: „Denn das ist mein Leib"). Man verstand nicht ganz, was los war, aber es musste etwas sehr Heiliges sein. Auf diese Weise entstand das Wort „Hokuspokus".

Nach dem Zweiten Vatikanischen Konzil konnte die Messe dann auch in der Landessprache gefeiert werden, und wenigstens im Wortlaut ließ sich verstehen, was gerade geschah. Es ist vielleicht sehr typisch für den liturgischen Spieltrieb der Katholiken, dass man die Glöckchen bei den Wandlungsworten trotzdem beibehielt. Eigentlich wären sie jetzt nicht mehr nötig gewesen. Aber es klang halt so schön!

Heilige Kunst

WAS WAREN DAS für Zeiten, als gebildeten Katholiken die Kunst ihrer Zeit ganz selbstverständlich bekannt war! Es lag ja nahe, bilderselig wie sie waren, dass man in den Kirchen auf Du und Du mit den großen Künstlern seiner Zeit war.

Heute ist das leider anders. Für viele Katholiken scheint die brauchbare Kunstgeschichte mit den 20er Jahren des letzten Jahrhunderts aufgehört zu haben. Was danach kam: nur noch so'n abstraktes Zeug. Heute verstehen Kirchenleute die Sprache der zeitgenössischen Kunst kaum noch. Sie halten allen Ernstes nur dann etwas für religiös, wenn darauf ein Kreuz steht, liegt oder fliegt, Jesus selbst auftritt oder zumindest etwas Biblisches zu sehen ist. Ob es daran liegt, dass sie a) was Farbiges brauchen, b) menschliche Figuren abgebildet sein müssen und c) eine Geschichte, eine Szene erkennbar sein muss? Damit kann die zeitgenössische Kunst ja oft nicht mehr dienen.

Manchmal hat man aber auch den Eindruck, dass sie einfach einen Teil ihrer eigenen Tradition vergessen. Denn es gab ja große Lehrerinnen und Lehrer der Kirche, die weder auf Worte noch auf Bilder Wert legten, um Gott zu beschreiben, sondern ganz bewusst alle Vorstellungen von ihm in Frage stellten. Ihnen erschien alles zu klein für die Größe Gottes, sie interessierten sich weniger für ein vorzeigbares Credo als für die Erfahrung Gottes. Diese Leute sind eigentlich ganz nah an der abstrakten Kunst von heute. Gut katholisch.

V

Die
Katholiken
und
ihr
Personal

Priester

BEI DEN KATHOLIKEN sind das derzeit nur Männer. Dass es auch Frauen sein könnten, z. B. aus den Orden, schließt der Vatikan derzeit aus, viele Katholiken hierzulande sehen das anders. Von den Priestern gibt es in den industrialisierten Ländern inzwischen wenige (weshalb Gemeinden zusammengelegt werden müssen), in anderen Erdteilen besteht daran kein Mangel. Bei den römischen Katholiken dürfen Priester nicht heiraten, bei den auch zur römischen Kirche gehörenden griechischen-unierten Katholiken dürfen sie es.

Mit der Priesterweihe bekommen die Kandidaten ein Amt, bei dem persönliche Überforderung fast schon vorprogrammiert ist. Priester in einer Gemeinde zu sein, ist der Job eines Zehnkämpfers und kann ziemlich einsam machen. Alle zerren an diesem Mann herum. Manche Priester entwickeln mit der Zeit die Ticks von Altledigen, manche werden genauso Alkoholiker wie Manager im Dauerstress. Aber viele machen ihre Arbeit hingebungsvoll. Katholiken kritteln gern an ihren Priestern herum, werden aber leicht säuerlich, wenn es auch Nicht-Katholiken machen.

Anders als früher, wo man jeden feierte, der Priester wurde, müssen sie sich heute überall, wo sie hinkommen, rechtfertigen. Viele Katholiken blenden gern aus, dass es auch an ihnen selbst liegt, ob es wieder mehr Priester gibt.

Weihrauchsüchtige

MAN KENNT DIESE Leute. Sie drücken sich gern in der Nähe von Altären und heiligen Gegenständen herum. Sie stimmen mit leidender Miene jammervolle Gebete an. Jeder Schritt drückt aus, dass hier jemand sein Kreuz trägt. Das sollen auch ruhig alle wissen. Die körperliche Grundhaltung ist immer leicht gebückt. Manche von ihnen teilen die Hostie bei der Kommunion aus, und ihr Gesicht sagt: Gute Stimmung ist hier nicht angebracht, schlage die Augen nieder und beklage dein Los.

Es sind oft Leute, die sich insgeheim für die besseren Pfarrer halten. Sie tragen einen abgründigen Privatglauben mit sich herum. Demzufolge scheint nämlich Gott an so etwas wie einem Masochismus der Gläubigen interessiert zu sein. Je mehr Unterwerfung, umso besser. Je mehr offen zur Schau getragene Opferhaltung, umso frömmer.

Sie sind gern dabei, anderen ein schlechtes Gewissen zu machen. Du warst am Sonntag nicht in der Kirche? Ach so. Na ja. Den Rosenkranz habe ich letzthin zwanzigmal gebetet. Du betest ihn nie? Ach so. Na ja. Allen Ernstes halten sie sich für das eigentliche Zentrum der Gemeinde. Gern wird mal der moralische Stab über andere gebrochen: Sünder eben. Die direkte Konfrontation sucht man eher nicht. Nur keinen Streit. Ein bisschen intrigieren, das vielleicht schon. Manchmal sieht es so aus, als ob es solche Weihrauchsüchtigen unter Katholiken öfter gibt als sonst. Vielleicht täuscht der Eindruck aber auch.

Ordensschwestern

NEIN, SIE SIND NICHT von einem anderen Planeten. Ja, es sind normale Frauen. Nein, sie haben nicht nur keinen abgekriegt. Ja, sie haben Humor und kennen auch erschreckend harte Witze. Nein, sie beten nicht nur. Ja, sie sind unfassbar gastfreundlich. Nein, sie sind nicht beschränkt. Ja, sie können ganz schön streng sein.

Die Rede ist von Frauen, die in Gruppen leben und eine nicht sonderlich farbige Tracht tragen, die man „Habit" nennt. Sie haben lebenslange Versprechen abgelegt („Gelübde"), die viele heute als Provokation empfinden: Armut, Ehelosigkeit, Gehorsam. Mit den Gelübden erhalten sie einen neuen Namen. Manche bleiben nach diesem Gelübde ihr Leben lang in einem bestimmten Kloster, an immer demselben Ort. Andere leben in kleinen Teams in heruntergekommenen Ghetto-Stadtteilen. Manche pflegen unheilbar Kranke, manche sind Forscherinnen und Gelehrte, manche singen alte, komplizierte Lieder, manche schweigen den größten Teil des Tages. Sie heißen Benediktinerinnen und Maryknoll-Schwestern, Franziskanerinnen und Zisterzienserinnen, Karmelitinnen, Dominikanerinnen, Klarissen, Ursulinen, Kleine Schwestern vom Evangelium und so weiter. Sie sind eine eigene Welt in der katholischen Kirche.

Und sie sind hoch geachtet. In den meisten katholischen Familien gibt es irgendwo jemanden, die oder der Nonne oder Mönch wurde. Früher sehr oft. Dann weniger. Neuerdings wieder leicht zunehmend.

Purpurträger

KARDINÄLE SIND DIE kirchlichen Würdenträger, die einen neuen Papst wählen. Sie sind vom Papst oder seinen Vorgängern ernannt worden. Nur die Kardinäle haben das Recht, purpurne wallende Gewänder als Dienstuniform zu tragen, mit der sie überall, wo sie hinkommen, einen bleibenden Eindruck hinterlassen. Darum stürzen sich auch so gern Fernseh- und Film-Teams auf sie.

Manche Kardinäle, die in der römischen Kurie tätig sind, leiten dortige Ministerien. Viele andere machen ansonsten ganz normale Bischofsarbeit in ihrer heimatlichen Diözese. Außer dem theatralischen Aussehen besteht ihre wichtigste Aufgabe darin, sich bei der Papstwahl in der Sixtinischen Kapelle einschließen zu lassen und so lange untereinander über einen Kandidaten aus ihren Reihen zu streiten, bis jemand gewählt ist. Die Vorstellung von dieser Gruppe eingeschlossener Männer – das sogenannte „Konklave" – hat schon zu reizenden Spekulationen über Giftanschläge geführt, über in den Speisen eingebackene Botschaften und dergleichen Abenteuerlichkeiten mehr.

In der Regel ist es einfach das, wonach es aussieht: eine Wahl unter Klausur. Sobald die Wahl erfolgreich war, das kennt man aus dem Fernsehen, steigt aus dem vatikanischen Öfelchen weißer Rauch auf. Dann weiß die Menge der Gläubigen, dass nun einer der Kardinäle nicht mehr Kardinal ist.

Vatikanische Kurie

DIE VATIKANISCHE KURIE ist nichts anderes als die Verwaltungszentrale der römisch-katholischen Weltkirche. Thriller-Autoren vermuten regelmäßig in ihren unterirdischen Gemäuern die ungeheuerlichsten Geheimnisse, die von vatikanischen Todesschwadronen beschützt würden, wie z. B. dass Jesus mit Maria Magdalena verheiratet war und Kinder gezeugt hat; dass er gar nicht am Kreuz gestorben sei, sondern als Eisverkäufer in Galiläa weitergelebt habe; dass er ... na, was auch immer einen guten Plot abgibt.

Wer schon einmal enger mit dieser Instanz zu tun hatte, weiß, dass die Kurie eigentlich Besseres zu tun hat. Die Zentrale einer Kirche, die in allen Kontinenten präsent ist, hat allein mit der Sprachenvielfalt, in der da kommuniziert wird, eine Unmenge Arbeit. Die dort täglich einlaufende Nachrichtenfülle würde jedes staatliche Ministerium überfordern.

Entgegen gerade in deutschsprachigen Ländern gern gepflegten Klischees besteht diese Kurie nicht aus einer einzigen Betonfraktion antidemokratischer Kräfte. Wie anderswo auch gibt es die Linken, die Rechten und eine Mitte-Position, und dazwischen viele Schattierungen und Übergänge. Scheinbar Progressive können in manchen Fragen fast fundamentalistisch sein, vermeintlich Konservative werden auf einmal fortschrittlich (was auch immer solche Etiketten bedeuten mögen). Dass nach außen hin der Eindruck von Geschlossenheit entsteht, liegt an etwas, was man aus der Politik nicht gewohnt ist. Es heißt Diskretion.

Laien

DAS SIND IM katholischen Weltbild alle die Gläubigen, die keine Weihe haben. Also 99 Prozent der Katholiken; Frauen, Männer und Kinder. Es handelt sich um die katholischen Christen, die getauft und gefirmt sind, simples Gottesvolk. Genau das bedeutet auch das griechische „laos", von dem es abstammt: das Volk. Obwohl die Laien den größten Teil der Katholiken ausmachen, nimmt die außerkirchliche Öffentlichkeit die Nicht-Laien, den sogenannten „Klerus", völlig überproportional wahr, also Priester, Diakone, Bischöfe. Was natürlich auch schon an deren Tracht liegt, die oft anders ist als normale Kleider. Manchmal liegt es aber auch an der Selbst-Überschätzung des Klerus.

Im üblichen Sprachgebrauch ist ein Laie jemand, der keine Ahnung von fachlichem Wissen hat. In der Kirche können Laien im katholischen Kontext jedoch hoch qualifizierte Spezialisten sein, wie z. B. die Generalvikarin einer Diözese oder Fachanwälte für Kirchenrecht. Sie sind nur eben nicht geweiht.

Ohne die Laien gäbe es keine Kirche. Kleriker, die sich selbst Gemeinde sind, wären ein trauriger Haufen. Es sind die Laien, die die Kirche finanzieren; es sind die Laien, die die Gemeinden organisieren; sie stellen die Pfarrgemeinderäte und das Kirchensteuerparlament (das aber gibt es nur in bundesdeutschen Landen). Der Klerus ist eigentlich dazu da, den Laien auf ihrem Lebensweg dienlich zu sein; wenn er dem manchmal im Weg steht, muss man es ihm sagen. Oft ein kleineres Problem, als manche glauben.

Soldaten Gottes

DIE JESUITEN SIND ein noch junger Männerorden. „Jung" heißt für katholische Begriffe: rund 500 Jahre alt. Gegründet wurden sie von einem adligen Offizier, dem in einer Schlacht das Bein zertrümmert wurde. Danach versank er in tiefste Depressionen, weil er sich fortan als Krüppel und ohne Perspektive sah. Aber er hatte eine Christuserscheinung und gründete den Kriegerorden der Jesuiten.

Es war eine Bewegung, die von Anfang an die intelligentesten Geister um sich versammelte. Diese Bewegung der „Soldaten Christi" war es, die der Gegenreformation Schwung gab. Auf ihre Initiative hin überzogen barocke Kirchenbauten Europa, um die Nicht-Katholiken durch Kunst und Pracht wieder katholisch zu machen. Sie führten aus Missionsgründen überall Theaterstücke und Konzerte auf. Auf diese Weise prägten sie übrigens auch die Fastnacht, wie wir sie heute kennen.

Sie waren aber ebenso bekannt für ihren bedingungslosen Gehorsam gegenüber dem Papst und für die Rücksichtslosigkeit gegenüber sich selbst. Fast wäre wegen ihrer erfolgreichen Missionstätigkeit China christlich geworden (der Papst selbst hielt sie davon ab). Da sie bei allen Monarchen die einflussreiche Rolle der Beichtväter hatten, gerieten sie auch prompt ins Visier aller Revolutionäre (später wurden sie selber welche) und wurden in vielen Ländern verboten. Inzwischen reden Katholiken mit gemischten Gefühlen über ihre Jesuiten. Eine Elite, auf die man immer noch stolz ist. Und ein bisschen unheimlich sind sie manchmal auch.

Bischof

DIE BISCHOFSWEIHE ist bei Katholiken eines der sieben Sakramente. Sobald es ein Mensch erhalten hat, bleibt es ebenso sein Leben lang an ihm kleben wie ein Ehe-Sakrament und kann nicht rückgängig gemacht werden. Die Bischofsweihe wird seit der Zeit der Apostel durch Handauflegung übermittelt, und es gehört zum kirchlichen Stolz der Katholiken, dass es seither in der Folge von Bischöfen und Aposteln keine Unterbrechung gegeben haben soll.

Ein zölibatär lebender Mann, der mit Zustimmung des Papstes zum Bischof geweiht wurde, hat die Leitung der ihm anvertrauten Diözese inne. Er kann seinerseits innerhalb dieser Diözese auch Priester weihen. Als Symbol seiner Würde trägt er den Bischofsring und ein Brustkreuz. Wenn es richtig prächtig werden soll, setzt er auch noch seine Bischofs-Mitra auf (einen Hut, wie man ihn vom Nikolaus-Fest kennt, nur ist diese Ausführung die ungleich seriösere) und hält einen Krummstab – einen mannshohen Metallstab, der etwa auf Augenhöhe in einer Schnecke nach innen gekrümmt ist. Das ist das Zeichen seiner Hirtenaufgabe. Was viele Katholiken grundsätzlich ganz gut finden; aber bei der Vorstellung, dass sie dann die Schafe wären, die ihr Bischof weiden soll, stellen sich gemischte Gefühle ein.

Manche Katholiken können sich mit hoher Energie am Bischof abarbeiten und mehr Demokratie verlangen. Viele andere fühlen sich mit ihm irgendwie in einem Boot und sind ansonsten froh, wenn ihre Gemeinde in Ruhe gelassen wird.

Abgeschlossene

DAS WORT „KLOSTER" kommt vom lateinischen „claustrum" – das, was abgeschlossen ist; von der Welt da draußen nämlich. Als während der Völkerwanderung in Europa ein Reich nach dem anderen zusammenbrach, gründete Benedikt von Nursia in Italien das erste Kloster. Er ging damals von dem einfachen Lebensgrundsatz aus, dass man beten sollte, aber auch arbeiten: „ora et labora". Von da an gab es immer mehr Klöster, für Männer ebenso wie für Frauen.

Benediktinische Klöster und die, die aus ihrer Tradition stammen, also z. B. Zisterzienser oder Trappisten, gingen dabei immer vom idealen Bild der „Stadt auf dem Berg" aus. Sie wollten unabhängig sein, und das schafften sie auch. Dabei brachten sie auch ungeheuer viele eigene technische Neuerungen hervor. Ihre Methoden im Acker- und Weinbau machten aus öden Gegenden blühende Landschaften. Auch heute noch halten sie sich ihr Leben lang in immer demselben Kloster auf und dürfen nur mit ausdrücklicher Erlaubnis der Äbtissin oder des Abtes verreisen. Sie gehen nicht in die Welt hinaus. Soll doch die Welt zu ihnen kommen.

Anderen Orden ist diese Kloster-Idee viel zu statisch. Sie wollen unterwegs sein, und so etwas wie ein Kloster erscheint ihnen nur als Ballast. Den Katholiken sind sie alle recht. Egal, an welchem Ort sie sich zufällig oder absichtlich aufhalten.

Unwürdige Priester

SIE SIND UNTER Katholiken geradezu legendär. Jeder kennt einen oder hat schon mal von einem gehört, der angeblich Geld unterschlagen hat oder Alkoholiker ist usw. Nur Nicht-Katholiken können annehmen, dass man sich von so jemandem sofort trennen müsse. Versetzen? Entlassen? Moment, Moment.

Manche dieser Gerüchte stimmen tatsächlich und haben in der Regel auch rechtliche Konsequenzen. Viele der Mutmaßungen stellen aber nur so etwas dar wie den Hof aus Spekulation, der diese zölibatären Einzelkämpfer ebenso zwangsläufig umgibt wie Superman. Der hatte auch immer sein Problem mit Kryptonit. Abgesehen davon, dass in der gemeindlichen Reaktion große Unterschiede bei den tatsächlichen oder angenommenen Vergehen gemacht werden – Verstöße gegen das Zölibat oder Alkoholismus gelten als entschuldbar, bei Geld hört es schnell auf, bei sexuellem Missbrauch ist sofort Schluss –, stellt sich für Katholiken besonders die Frage: Darf auch ein unheiliger Mensch gültig die Messe halten?

Keine ganz neue Frage. Als die Christen in den ersten Verfolgungszeiten zum Eid auf den Kaiser gezwungen werden sollten, weigerten sich viele und wurden ermordet. Andere schworen und überlebten – auch Priester. Am Ende eines langen Streites entschied damals ein Konzil: Ja, die Gottesdienste dieser ehemaligen Verräter sind auch gültig, weil der Gottesdienst etwas Objektives hat, ohne Ansehen der Person. Und das glauben die meisten Katholiken instinktiv bis heute.

Papst

MAN KÖNNTE GANZE Bücher über den Papst schreiben, und es wird auch laufend gemacht. Traditionelle Katholiken verehren ihn, kritische Katholiken lästern über ihn. Ignorieren kann ihn keiner. Viele Gläubige denken angesichts der Enttäuschungen und Hoffnungen, zu denen der jeweils aktuelle Papst Anlass gibt, gern zurück an den allerersten in der Reihe: Petrus.

Denn dieser Petrus war jemand, dessen Charakteristika sich bei den meisten seiner Amtsnachfolger auf eigenartige Weise wiederholten. Petrus war nicht der Lieblingsjünger Jesu, das war Johannes. Er war auch nicht der Gelehrteste und Intelligenteste unter den Aposteln, das war Paulus. Die Auftritte Petri in den Evangelien geraten oft zu beschämenden Angelegenheiten: als Jesus die Jünger bittet, mit ihm in der Nacht vor der Verhaftung zu beten, schläft er genauso ein wie alle anderen. Und als Jesus vor Gericht steht, streitet Petrus ausdrücklich dreimal ab, dass er diesen Jesus überhaupt kenne. Und dieser zwiespältige Herr wurde also das Oberhaupt der christlichen Gemeinde in Jerusalem, und auf ihn berufen sich seither alle Päpste.

Warum bekam Petrus diese Rolle und nicht jemand anderes? Vielleicht, weil er vor allem das war, was Jesus in ihm sah: „der Fels", ein Garant von Stabilität. Im Grunde sind Katholiken mit dieser Eigenschaft eines Papstes auch schon zufrieden. Wenn er darüber hinaus auch noch Charisma und Fröhlichkeit hat, ist es sozusagen eine Zugabe, mit der man gar nicht rechnen konnte.

Konzil

EIN KONZIL IST DIE Versammlung möglichst aller Bischöfe der gesamten Kirche weltweit. Konzilien werden nicht regelmäßig wie Klassentreffen abgehalten, sondern nur dann, wenn ein paar Dinge dringend geregelt werden müssen. Inzwischen werden sie nur vom Papst einberufen (das war nicht immer so). Der Papst führt auch den Vorsitz. Konzilien müssen nicht unbedingt in Rom stattfinden, auch wenn das bei den letzten paar von ihnen so war.

Einige Konzilien haben Listen von Lehr-Irrtümern erarbeitet und dann feierlich festgestellt: Wer so etwas glaube, gehöre nicht zur Kirche. Andere verkündeten feierlich ein Dogma – zum Beispiel, dass Maria zu Recht als die „Mutter Gottes" gelte oder Jesus nicht nur zum Schein einen menschlichen Leib angenommen hatte, sondern tatsächlich.

Wie immer, wenn sich Mitglieder der gleichen Familie treffen, gibt es oft Streit auf Konzilien und sehr unterschiedliche Positionen. Meistens einigt man sich. Manchmal auch nicht. Das letzte Konzil war 1963 bis 1968 das sogenannte Zweite Vatikanische Konzil in Rom. Es hat das Bild der katholischen Kirche tief greifend verändert. Mittlerweile sind schon wieder 30 Jahre vergangen, und manche sehnen sich nach einem neuen Konzil. Andere möchten lieber nichts davon wissen. Was auch immer man davon hält: Es ist ein machtvolles Ereignis, und Katholiken glauben, dass der Heilige Geist bei einem Konzil fast so etwas wie ein Dauergast ist.

Nutzlose Lebensformen

IN DER KATHOLISCHEN Kirche gibt es tatsächlich Gemeinschaften von Männern und Frauen, deren hauptsächliche Tätigkeit darin besteht, von morgens bis abends zu beten oder über Gott nachzudenken. Natürlich waschen sie ihre Wäsche, putzen ihre Zimmer und kochen sich etwas. Aber sie sind nicht sonderlich produktiv. Man nennt diese Gemeinschaften „kontemplativ", das bedeutet soviel wie „betrachtend".

Meistens brauchen diese Leute nicht viel zum Leben, und ihr Lebensstandard erscheint vielen Menschen außerhalb kaum erträglich niedrig. Die meisten von ihnen haben tatsächlich auch ein Gelübde der Armut abgelegt. Manche sogar des Schweigens. Sie nehmen Gäste auf, sie kümmern sich um ihre Nachbarn. Aber ansonsten leben sie sehr zurückgezogen und bekommen nicht viel mit von dem, was draußen in der Welt abläuft. Absichtlich.

Man könnte sagen, es handle sich um eine völlig nutzlose Lebensform. Wenn man „Nutzen" am Bruttosozialprodukt misst, ist er tatsächlich gering. Bekommt es irgendeine Statistik mit, wenn eine Schwester ein Nacht lang betet? Hat es Nachrichtenwert, wenn ein Bruder eine Woche gefastet hat? Bestimmt nicht. Die kontemplativen Orden sind so etwas wie seltene Tiere (manche stehen sogar auf der roten Liste), die man nicht oft zu sehen bekommt, die den Wald aber vielfältiger und reicher machen. Auch Katholiken verstehen oft erst dann, wie wichtig sie waren, wenn sie nicht mehr da sind.

Väter und Brüder

DIE OFFIZIELLE ANREDE eines männlichen Ordensmitgliedes mit Priesterweihe ist „Pater" (= Vater). Viele Mitglieder von Orden haben diese Priesterweihe aber nicht und werden deshalb mit „Bruder" angesprochen. Hinter dieser Unterscheidung stecken Jahrhunderte zwiespältiger Geschichte.

Denn die ersten Klöster rekrutierten sich zum überwiegenden Teil aus Männern, die nicht lesen und schreiben konnten, kein familiäres Erbe zu erwarten hatten und keine besondere berufliche Zukunft vor sich hatten. Der kleinere Teil waren kultivierte Leute aus dem Adel oder später dem gehobenen Bürgertum. Jede dieser Seiten konnte ihre Fähigkeiten in der klösterlichen Gemeinschaft einbringen. Trotzdem kam es mit den Jahrhunderten in diesen Klöstern zu einer Zwei-Klassen-Gesellschaft: die Brüder ohne jedes Studium und die studierten Patres. In der Praxis waren die Patres die Entscheider und die Brüder die Malocher.

Das änderte sich erst im Umfeld des Zweiten Vatikanischen Konzils. Inzwischen sind alle Orden bemüht, jedes Zeichen von Spaltung innerhalb ihrer Gemeinschaft zu vermeiden. In vielen Orden lassen sich auch die Studierten und Priester ausdrücklich mit „Bruder" ansprechen, weil sie mit einer Abwertung der „Brüder" im Gegensatz zu den „Patres" früherer Zeiten nichts mehr zu tun haben wollen. Ob das aber mehr ist als nur der Verzicht auf Etiketten, ist nicht immer offensichtlich.

In Frauenorden heißen übrigens alle „Schwestern". Da gibt es ja auch kein Problem mit der Priesterweihe …

Diözese

OFFENBAR AUCH FÜR Katholiken ein Zungenbrecher. „Diozese", „Diezöse" – nein, das ist keine originelle Krankheits-Diagnose, nur einfach ein falsches Wort.

Eine „Diözese" war im alten Rom das Gebiet einer kaiserlichen Verwaltungseinheit. In der christlichen Kirche wurde dasjenige Terrain als „Diözese" bezeichnet, für das ein Bischof verantwortlich war. Innerhalb des Gebietes einer Diözese ist der Bischof die oberste Instanz des Kirchenrechtes; die nächsthöhere ist dann gleich der Papst. In seiner Diözese hat er das letzte Wort über kirchliche Finanzen und den Klerus. Ein „Bistum" ist dasselbe wie eine Diözese (von „Bischofstum"). Manche Diözesen haben geschichtlich eine größere Bedeutung als andere und sind daher „Erzdiözese".

Da Bischofssitze im Lauf der Zeit, je nach politischen Umständen, immer wieder umgezogen sind, veränderten sich auch Diözesangrenzen. Das Ergebnis ist heute, dass es Gebiete von Diözesen gibt, die jeder Idee von sinnvollen Einheiten Hohn lachen. Besonders originell etwa die in Nord-Süd-Richtung lang gezogenen Umrisse der Diözese Freiburg. Die Folge ist, dass die Katholiken Tauberbischofsheims, direkt vor den Toren Würzburgs gelegen, bei kirchlichen Angelegenheiten erst stundenlang nach Südwesten zu fahren haben, statt, was viel einfacher wäre, zur nächstgelegenen Bischofsstadt – nämlich Würzburg. Doch natürlich hat all das alte historische Gründe, und kein Bischof wird sich leichtsinnig die Finger an einer Änderung von Diözesangrenzen verbrennen.

Generalvikar

DER OBERSTE MANAGER einer Diözese und damit engster Mitarbeiter eines Bischofs ist der Generalvikar. Wenn es gut läuft, dann hat der Generalvikar tatsächlich fachliche Kompetenz in Management, Finanzfragen, Personalführung und administrativer Strategie. Wenn es schlecht läuft, dann hat er bloß seine Priesterweihe, und das ist dann manchmal etwas wenig. Interessanterweise wird der Posten eines Generalvikars in anderen Teilen der Weltkirche nicht von der Zugehörigkeit zum Klerus abhängig gemacht, sondern von der tatsächlichen Management-Erfahrung. Darum gibt es auch Diözesen, in denen arbeiten Banker oder Wirtschaftsprofis als Generalvikare. Ja es gibt sogar katholische Diözesen, da machen qualifizierte Frauen diesen Job (ganz gut, übrigens).

Obwohl er eigentlich nicht der Chef einer Diözese ist, bekommt ein professionell arbeitender Generalvikar in dem Maß ein politisches Übergewicht, in dem sein Bischof eine schwache Figur abgibt. Es soll Diözesen geben, in denen völlig unbestritten der Generalvikar die Nummer eins im Ring ist, nach dem Motto: „Ist doch mir egal, wer unter mir Bischof ist."

Bei solchen Schieflagen dauert es nicht lange, bis die gesamte Diözese darunter leidet. Gerade in Zeiten knapper Kassen, sollte man meinen, dürften sich Katholiken das nicht leisten. Natürlich passiert es aber trotzdem. Generalvikare sind oft gefürchtete Figuren, weil jeder weiß, wie viele Fäden bei ihnen zusammenlaufen. Im trauten Kreis können es die freundlichsten Typen der Welt sein.

Würdigste Anreden

JE NACH AUFGABE und Zugehörigkeit wird man innerhalb der katholischen Kirche in unterschiedlicher Weise korrekt angesprochen. Rang, Alter und Geschlecht spielen dabei eine völlig andere Rolle als sonst.

Die oberste Schwester in einem Frauenkloster ist die Äbtissin und wird mit „Mutter" plus ihrem Vornamen angesprochen, egal, ob die Ansprechende womöglich viel älter und politisch unglaublich wichtig ist. Der oberste Mönch in einem Männerkloster ist der Abt, und für ihn gilt das gleiche: „Vater" plus Vorname. Ganz egal, ob der Anredende selbst Kinder hat und insofern auch als ein Vater gelten kann.

Die Anrede „Hochwürden" für einen Pfarrer ist mittlerweile gänzlich aus der Mode gekommen und kann heute nur noch ironisch gemeint sein. Einen Bischof kann man ohne weiteres mit „Herr Bischof" ansprechen; einen Kardinal mit „Herr Kardinal". Ein einfaches Ordensmitglied redet man zunächst mit „Schwester" oder „Bruder" an. Wer jedoch normale Gemeindemitglieder mit „Bruder" oder „Schwester" anspricht, gilt eher als evangelikaler Protestant. Handelt es sich es sich bei dem Ordensmann um einen Priester, ist „Pater" angemessen. Die Doppelung „Herr Pater" wäre freilich eher ein Hinweis, dass man das mit der Anrede nicht ganz kapiert hat. Wenn man zu keinem Orden gehört, sich da draußen schlecht und recht als Christin oder Christ durchschlägt, Kinder großzieht und seine Kirchensteuer zahlt, wird man, wie sonst auch, mit dem bloßen Nachnamen angeredet. Eine solche Existenz wird keiner Spezialansprache gewürdigt. „Heiliger Vater" allerdings bleibt nur dem Papst vorbehalten. Auch wenn es ganz übertrieben klingt.

VI

Die Katholiken und ihr Gottesdienst

Die drei kleinen Kreuzzeichen

VIELE MENSCHEN WISSEN, dass bei den Christen das Kreuzzeichen üblich ist. Man macht es mit der rechten Hand auf Stirn, Brust und die beiden Schultern. Es kann den Christen helfen, aus einem hektischen Alltag heraus- und in den Gottesdienst hineinzufinden. Es kann ein öffentliches Bekenntnis sein. Und die pure Gewohnheit kann es natürlich auch sein.

Bei den Katholiken gibt es einen weiteren Kreuzzeichen-Ritus, der nur ein einziges Mal im Gottesdienst vorkommt. Wenn nämlich der Priester das Evangelium vorliest und zu Beginn sagt, woher genau aus dem Neuen Testament der nun folgende Text stammt. Dann machen die Mitglieder der Gemeinde mit dem Daumen der rechten Hand drei kleine Kreuzchen – eines auf die Stirn, eines auf den Mund und eines auf die Brust.

Das tun sie, bevor sie den Wortlaut des Evangeliums selbst zu hören bekommen. Insofern handelt es sich um eine unmittelbare Vorbereitung auf dessen Botschaft. Es ist ein geschwindes, kleines Gebet: „Öffne mein Denken, schließe auf mein Herz, und sei bei mir, wenn ich darüber rede."

Und dann hört man zu. Das Handy hat man schon vorher ausgemacht.

Knien

IN KATHOLISCHEN KIRCHEN kann man vor, während und nach Gottesdiensten unterschiedliche Körperhaltungen der Gläubigen wahrnehmen: aufrechtes Stehen, mehr oder weniger andächtiges Sitzen – und Knien. Für Letzteres sind meistens eigene Kniebänke vorgesehen, damit man nicht auf dem Boden knien muss. In entlegenen Regionen, in Wallfahrtsorten und in Süd- und Osteuropa trifft man allerdings auch eine Menge Leute an, die sich ungehemmt auf den Boden knien.

Eine zunehmende Zahl von Gläubigen in unseren Breiten kniet sich nicht mehr gern hin. Über ihre Gründe kann man nur spekulieren. Eine etwas krude Form von zeitgenössischem Selbstbewusstsein („Ein erwachsener Mensch kniet vor niemandem, ist doch überholt!")? Schämt man sich vor evangelischen Mitchristen? Natürlich gibt es auch das stilistische Argument: „Sieht nicht cool aus, echt." Und das gesundheitliche: „Ich hab's am Knie." Letzteres kann man noch am ehesten ernst nehmen.

Weltweit ist das Knien in katholischen Kirchen ansonsten üblich, ohne Selbstbewusstseins-Verkrampfungen. Es wird meistens verstanden als erleichterte Haltung eines Menschen, der wenigstens im Kirchenraum einmal kleiner sein darf; der anerkennt, dass nicht alles von einem selbst abhängt; der nicht auch noch vor Gott sein Selbstwertspiel treiben muss.

Außerhalb des Kirchenraums kniet man vor niemandem. Das kommt auch für Katholiken nicht in die Tüte.

Ministranten

WAHLWEISE AUCH „MESSDIENER". Inzwischen sind es nicht mehr wie früher nur Jungen, sondern auch Mädchen. Die Ministranten sind die Truppe, die in katholischen Gottesdiensten neben dem Priester um den Altar herum aktiv ist und das Ganze bewegter und farbiger macht. Auch außerhalb der Kirchenräume werden sie eingesetzt, bei Beerdigungen etwa oder bei Prozessionen.

Sie haben eine eindeutig theatralische Aufgabe. Immerhin sind sie es, die bei der Gabenbereitung dem Priester die Hände waschen (weil der ein sündiger Mensch ist und das nötig hat). Sie unterstreichen die Wandlungsworte mit dem kräftigen Klingeln ihrer Altarglöckchen. Sie tragen der Prozession das Kreuz voraus. Ihre langen Kleider oder zumindest ihre geflochtenen Gürtelkordeln wechseln die Farbe mit dem Kirchenjahr. Zu den Ministranten kann man gehen, sobald man die Erstkommunion hinter sich hat. Wes Geistes Kind sie sind, beweist ihre alte Bezeichnung als „Lausbuben" (die Buben, die für „laus", lateinisch für „Lob", zuständig waren).

Wer lange genug Ministrant war (wie zum Beispiel viele Persönlichkeiten des öffentlichen Lebens), hat gelernt, wie man sich vor vielen Leuten bewegt, wie wichtig die Choreografie eines Auftritts ist, und dass man sich zwar falsch bewegen darf – aber niemals schnell. Wer nie Ministrant war, muss das dann als Erwachsener in teuren Seminaren lernen.

Predigt

IN SCHLECHTEN PREDIGTEN sehen Katholiken keine unüberwindliche Hürde. Natürlich schätzen auch sie es, als denkende Wesen in verständlichem Deutsch angesprochen zu werden, bestenfalls noch mit der einen oder anderen Verbindung zu ihrem Leben. Wenn das aber schiefgeht, weil der Prediger dieses Leben kaum kennt oder keinerlei roten Faden findet, kann man es ihm nachsehen. Denn – für Außenstehende manchmal überraschend – für Katholiken sind andere Dinge im Gottesdienst ungleich wichtiger als so eine Predigt.

Die Messe hat für Katholiken zwei Teile, nämlich den sogenannten „Wortgottesdienst" mit Gebeten, Lesungen aus der Heiligen Schrift und eben besagter Predigt sowie im zweiten Teil die „Eucharistiefeier" mit Hochgebet, Wandlung, Kommunion und Segen (griech. „eucharistia" = Danksagung). In entlegenen Land-Gemeinden soll es immer noch vorkommen, dass manche Leute überhaupt erst nach der Predigt in der Kirche eintrudeln und sich sicher sind, nichts Wesentliches verpasst zu haben. Wenn man Katholiken fragt, was das Wichtigste in der Messe ist, wird die Mehrheit antworten: die Wandlung. Denn immerhin glauben Katholiken daran, dass mit den Wandlungs-Worten („das ist mein Fleisch"; „das ist mein Blut") Christus selbst gegenwärtig wird.

Es liegt auf der Hand, dass angesichts solch stiller Wunder eine auch noch so gut gemeinte Predigt nur zweitrangig sein kann.

Gott essen

ETWA IN DER MITTE eines katholischen Gottesdienstes entsteht plötzlich eine denkwürdige Stille. Der Priester hat seine Hände über dem Altar ausgebreitet, viele Gläubige knien sich nun hin.

Wenn der Priester die Hostie hochhält, schellen zwei Ministranten mit ihren Glöckchen, ebenso, wenn er den Kelch erhebt. Danach kommentiert der Priester trocken das Geschehen mit den Worten „Geheimnis des Glaubens" und die gesamte Gemeinde antwortet im Chor. Es kann einem nun wundersam feierlich zu Mute werden. Warum?

Nun, Sie sind gerade Zeuge der sogenannten „Wandlung" geworden. Für Katholiken handelt es sich um das Zentrum dieses Gottesdienstes. Sie glauben, dass durch diese Wandlung Christus selbst anwesend geworden ist und sich den Gläubigen in der Gestalt von Brot und Wein zur Vereinigung gibt. Ein abstruser Gedanke?

Es gäbe viel dazu zu sagen. Nur ein kleiner Hinweis: Sie kennen doch (hoffentlich) selber das Gefühl, wenn Sie jemanden so lieben, dass Sie ihn oder sie vor Liebe, Entzücken und Hingabe geradezu auffressen könnten, Ihr kleines Kind, Ihre Freundin, Ihren Mann. Ein Bedürfnis nach Vereinigung, das aber an seine körperlichen Grenzen stoßen muss. Katholiken glauben, dass in der „Wandlung" diese Grenze aufgehoben wird. Gott lässt sich essen, in Liebe, in Ehrfurcht, in Freude. Ein Geheimnis des Glaubens? Aber sicher.

Hostie

HOSTIEN (man spricht das „ie" darin als zwei Vokale) sind die Brote, die man für die Eucharistiefeier verwendet. In manchen Gottesdiensten wird auch tatsächlich in Stückchen geschnittenes Brot vom Bäcker genommen. Aber in vielen Gottesdiensten nimmt man eben Hostien, weil sie ein bisschen praktischer sind: kein Herumkrümeln, einfach aufzuteilen. Diese Hostien kommen oft aus den Hostienbäckereien von Frauenorden.

Hostien sind rund, mit einem Durchmesser von etwa vier Zentimetern. Es gibt sie in zwei Ausführungen, nämlich ganz weiß mit der Konsistenz einer Oblate. Die schmilzt, sobald man sie auf der Zunge hat. Oder in der hellbraunen, festeren Variante, dann muss man richtig beißen und kauen.

Nach der Wandlung in der Eucharistiefeier sind die Hostien nicht mehr bloßes Brot wie vorher, sie sind nun „konsekriert" und damit Teil des Leibes Christi geworden. Nun werden sie an die Gläubigen in der Kommunion ausgeteilt. Die meisten Gläubigen nehmen sie in die flache linke Hand und führen sie mit der rechten zum Mund. Andere öffnen den Mund und lassen sie sich auf die Zunge legen. Wenn konsekrierte Hostien nach der Wandlung übrig bleiben, kommen sie in den Tabernakel und werden dort in einem Kelch aufbewahrt. Manchmal werden sie gleich zu den Kranken der Gemeinde nach Hause gebracht.

Eine konsekrierte Hostie gilt Katholiken als äußerst intimer Gegenstand. Im Zweifelsfall verstehen sie da überhaupt keinen Spaß.

Kommunion

NACH DER WANDLUNG kommt schon bald im Gottesdienst die sogenannte „Kommunion". Die Gläubigen stellen sich in Warteschlangen auf vor den Personen, die die konsekrierten Hostien austeilen. Nach ihrem Empfang verbeugt man sich kurz und geht dann wieder auf seinen Platz. Hier kann man in aller Ruhe darüber nachdenken, was gerade geschehen ist. Oder man schaut sich um.

Denn nun sieht man, wer da hinter einem noch in der Schlange stand und wer noch zur Kommunion geht, und siehe da: Das sind nicht nur Leute, die man mag oder bewundert. Der blöde Typ, der einem schon lange auf den Geist geht; das komische Weib, das sich immer so bescheuert verhält; die neurotischen Kinder, denen die Eltern keine Grenzen setzen; der alte Intrigant; die Frömmlerin usw.

Das hat man davon, wenn man zur Kommunion geht. Mit denen allen ist man nun verbunden. Sie haben die gleiche Kommunion empfangen wie ich selbst. Sie sind vor Gott auch nicht besser als ich.

Wer zur Kommunion geht, stellt sich also am besten darauf ein, dass es auch etwas ärgerlich werden kann. Man wird heruntergeholt vom hohen Ross. Die Kommunion ist nichts für die edlen Geister, die Gott nur an den schönen Orten der Natur begegnen möchten, mit Blick in die Ferne und guter Luft, in berührungsloser Reinheit. Sie ist nichts für das persönliche, stille Kämmerlein, wo ich mir die Illusion erlauben darf, dass es auch ohne die anderen gehen könnte. Die Kommunion ist nicht privat. Da gehört man dann eben dazu.

Messe

DIE EUCHARISTIEFEIER der Katholiken wird oft auch „Messe" genannt. Das kommt noch aus den alten Zeiten des Gottesdienstes in lateinischer Sprache, zu denen sein gesamter Schlussteil die „Missa" hieß. Am Ende sagte der Priester zu den Gläubigen: „Ite, missa est" – „Ihr könnt jetzt gehen, die Feier ist aus". Ein Gottesdienst kann für Katholiken auch nur eine Andacht mit Gebet, Segen und Liedern sein; eine Messe aber schließt immer Wandlung und Kommunion mit ein.

Darum heißen Ministranten dann auch „Messdiener", der Ritus „Messritus", das Drehbuch dafür „Messbuch", der Zuständige für Kirchenraum und heilige Geräte „Mesner" (ein „s" fiel im Lauf der Zeit weg), das Gewand dafür „Messgewand" usw.

Bei älteren Katholiken hört man immer wieder den Sprachgebrauch „eine Messe halten". Eine Messe „halten" kann nur ein Priester. Es handelt sich allerdings um einen Sprachgebrauch aus der Zeit vor dem Zweiten Vatikanischen Konzil. Seither wird nämlich immer mehr betont, dass im Zentrum der Eucharistie die Gemeinde steht und nicht der Priester. Frühere Zwei-Personen-Eucharistiefeiern (Priester plus ein Ministrant, sonst niemand) finden praktisch nicht mehr statt. Insofern ist die Messe auch nun zu einem Gottesdienst aller Anwesenden geworden und nicht mehr eines einzelnen Künstlers, dessen Kunststücken das Publikum ergriffen zuguckt und ansonsten passiv bleibt.

Sonntagspflicht

FRÜHER WURDE SIE unter Katholiken eisern eingehalten. Am Sonntag war man in der Kirche, da konnte man sich nur mit mörderischen Krankheiten oder plötzlich eintretenden Katastrophen entschuldigen. Der soziale Druck zur Einhaltung dieser Sonntagspflicht war enorm. Vermutlich war er ursprünglich gut gemeint, aber es kam zum vorhersehbaren Bumerang-Effekt, sobald der Druck nachließ. Es wurde auf einmal als Befreiung empfunden, wegbleiben zu können.

Inzwischen hat sich das Blatt gewendet. Es ist gar nicht mehr selbstverständlich, am Sonntag überhaupt an einer Eucharistiefeier teilnehmen zu können. Da geht man auch wieder mehr hin. Inzwischen könnte man fast schon wieder von einer „Sonntagsfreiheit" anstelle der einstigen Sonntagspflicht reden.

Eigentlich war mit der seinerzeitigen Sonntagspflicht gemeint gewesen, dass der Sonntag als der erste Tag der neuen Woche (das ist er nämlich für Katholiken, und nicht der Montag) ein Tag sein soll, der weder beruflichen Zwängen noch allein Familienidyllen gehören soll. Und darum ging man zuerst in die Kirche an diesem Tag. Hier nahm man an etwas teil, was den eigenen Horizont weitete und helfen konnte, den eigenen Kompass neu auszurichten. Dafür braucht es tatsächlich eine gewisse Disziplin, wenn man am Abend vorher bis spät in die Nacht vor dem Computer oder Fernseher hing …

Messgewänder

DA FLIESSEN FARBIGE Seidenstoffe über die Schultern bis hin zu den Fersen. Da ergibt sich, wie zufällig, ein reizvoller Faltenwurf beim Erheben der Arme. Da kommt es zu einem Aufleuchten, das auch noch in den letzten Bankreihen zu sehen ist. Da fährt der Wind beim Gottesdienst unter freiem Himmel so in die Stoffe, dass jedes Model auf den Effekt neidisch wird.

Die Messgewänder der katholischen Kirche sind fromme Bühnenspektakel. Ähnlich wie Schminke und Mode bei Operndarstellern oder Schauspielern sind sie von vornherein darauf angelegt, dass eine optische Wirkung auch bei großer Entfernung erzeugt wird: Alle mal herschauen, hier passiert jetzt das Wichtigste!

Je nach dem aktuellen Spielplan trägt der Priester hartes Schwarz bei der Tragödie, goldene, lichte Gewänder in den Sieges-Szenen, grüne in den Zeiten der Erwartung, leuchtendes Rot beim Fest und Violett zur Zeit der Entbehrung. Anders als das eintönige Schwarz oder Schwarz-Weiß bei der konfessionellen Konkurrenz wird mit diesen Messgewändern etwas auf die Bühne gebracht. Genauso ist es ja auch gemeint.

Die stille Fanfare

NACH DEM BEREITS ERWÄHNTEN Wortgottesdienst kommt es unweigerlich zur „Kollekte" (= Sammlung von Geld). Wer nun nicht in Panik nach dem vergessenen Geldbeutel kramen muss, wird im Altarbereich sehen können, wie der Tisch gedeckt wird. Ministranten tragen den Kelch, ein weißes Tuch und einen kleinen, weißen, quadratischen Deckel (um den Kelch abzudecken) zum Altar. Auf dem Altar wird das große Messbuch abgelegt, damit der Priester im Folgenden ja nicht von der Regieanweisung abweicht. Zusätzlich zu diesen Utensilien wird auch eine Schale mit Brot (bzw. Hostien) sowie Kännchen mit Wein und Wasser zum Altar gebracht. Der Priester erhebt die Brotschale und spricht ein leises Gebet. Dann gießt er Wein und ein wenig Wasser in den Kelch.

In diesem Augenblick müsste eigentlich ein Tusch erfolgen. Es ist eine so unauffällige Geste, dass sie fast untergeht; aber symbolisch ist sie so etwas wie ein unhörbarer Fanfarenstoß. Denn so wie sich Wein und Wasser nach ihrer Mischung nicht mehr trennen lassen, so sollen die Anwesenden Anteil haben „an der Gottheit Christi, der unsere Menschennatur angenommen hat". Genau mit diesen Worten begleitet der Priester die kurze Aktion. Jahrhunderte lange erbitterte Streitereien (zu wie viel Prozent war Jesus denn nun Gott, zu wie viel Mensch?) sind mit exakt dieser liturgischen Barkeeper-Geste erledigt.

Noch bevor man die Szene ganz begriffen hat, ist das Stück schon wieder weiter. Wer den Moment verpasst hat: kein Problem. Das Stück steht für alle Zeiten auf dem Spielplan. Man muss nicht einmal die Tickets vorbestellen.

VII

Die Katholiken und ihre Gewohnheiten

Namenstag

ES EMPFIEHLT SICH, Kindern einen deutlich identifizierbaren christlichen Vornamen zu geben. Also nicht etwa Pepsi, Sams oder Dorinda – auch wenn sich's in dieser Fernsehserie neulich noch so elegant angehört hat. Denn für die gibt's nun mal keinen Namenstag. Solange Kinder sehr klein sind, mag ihnen das egal sein. Aber wenn sie im Kindergarten oder in der Schule mitbekommen, wie die Katholikenkinder nicht nur Geburtstag haben, nein, sondern auch noch Namenstag, kann das zu schweren Vorwürfen führen. („Warum habt ihr mich nicht Barbara getauft? Warum nicht Dominik?" – „Du bist gar nicht getauft." Das wäre natürlich der GAU.)

Am Geburtstag feiert man die Tatsache der Geburt und das jeweils erreichte Alter. Am Namenstag aber feiert man, dass man so heißt wie ein bestimmter Heiliger oder eine Heilige: wie Teresa, die gegen den Willen spanischer Männer ihre Klöster gründete und deren Mitschwestern jeden Tag eine Stunde tanzen sollten (15. Oktober); wie Franz, der Sohn des reichen Tuchhändlers, der alles verschenkte und die Tiere so liebte (4. Oktober); wie Magdalena, die erste Zeugin der Auferstehung, der die Apostel nicht glauben wollten (22. Juli); wie Martin, der seinen Mantel mit dem Bettler teilte (11. November) und so weiter.

Eine ganze Welt von Heiligen. Für jeden gibt es ein genau terminiertes Namensfest. Und Geschenke gibt es an diesem Tag manchmal auch noch. Was, Sie heißen Oleander? Dann haben Sie leider Pech gehabt.

Prozessionen

IN DEN STÄDTEN sind die Prozessionen inzwischen auf meist eine einzige Prozession pro Jahr eingedampft worden, nämlich auf Fronleichnam. Auf dem Land sind regional aber wesentlich mehr davon erhalten geblieben: Flurprozessionen durch weite Teile der Gemarkung; Prozessionen zur Kirchweih, an Christi Himmelfahrt oder zum Fest des Namenspatrons. Man beginnt mit einer Messe und setzt sich dann in Marsch. Aber nicht chaotisch. Welche Gruppe wann wo geht, kann hinter den Kulissen heftige Streitereien auslösen.

Im vorderen Teil läuft der Pfarrer mit der Monstranz unter einem Baldachin (ein Erbe des Hofes von Byzanz), der von vier starken Gemeindemitgliedern getragen wird. Hinter ihm windet sich bald eine lange Schlange von hintereinander laufenden Christen im Sonntagsstaat durch die Straßen. Grundstimmung: heiter. Tempo: langsam.

Immer wieder singt man Kirchenlieder, oft mit Echoeffekt – wenn der vordere Teil des Zuges mit der einen Strophe aufhört, ist der hintere gerade erst halb durch. In der Stadt sind Lautsprecher entlang des Weges montiert, die meistens vor sich hin knacken, vor Übersteuerung pfeifen oder nicht funktionieren. Man unterhält sich mit seinen Nachbarn, steckt es weg, wenn einem ein Vogel gezeigt wird, flirtet vielleicht ein bisschen. Bei Regen fällt die Prozession aus. Bei Sonne ist sie die allerfriedlichste Demo der Welt. Unbedingt hingehen. Hinterher eins trinken. Versöhnt mit der Welt sein.

Seelentraining

UNTER KATHOLIKEN gehört es zum guten Ton, sich hin und wieder zu „Exerzitien" zurückzuziehen. Dazu sucht man sich meistens ein Kloster aus. Dort kann man dann eine Zeit lang bleiben und einfach am Chorgebet der Nonnen oder Mönche teilnehmen, ohne weiteres Programm. Man kann auch um eine Begleiterin oder einen Begleiter bitten, mit dem man sich einmal pro Tag zum Gespräch trifft. Oder man nimmt an einem der zahlreich angebotenen Exerzitienkurse für Gruppen teil. Auch Einzelexerzitien sind möglich, auch schweigende Exerzitien.

Exerzitien bedeutet auf Deutsch eigentlich so viel wie „Übungen". Der Grundgedanke ist, dass jedes Handwerk, jede Tätigkeit, die man gut können möchte, zweierlei braucht. Nämlich immer wieder Training, weil es sonst nicht flüssig genug läuft und das Know-how verkümmert. Und dann auch noch die richtige Motivation: Ich muss mir bewusst sein, warum ich das jetzt gerade so mache und nicht anders und ob meine Gründe überhaupt noch stimmen.

Insofern sind Exerzitien so etwas wie eine Mischung aus Überprüfung meiner Gewohnheiten und der Ziele, die ich mir bewusst oder unbewusst setze. Natürlich gibt es so etwas wie diese Exerzitien in allen Weltreligionen, mehr oder weniger streng. Viele Leute halten Klöster für den besten Platz für Exerzitien. Grundsätzlich kann man sie aber natürlich immer und überall machen. Katholiken wissen, dass ihr Auto alle paar Jahre zum TÜV muss – und die Seele in Exerzitien.

Sterbebildchen

WENN EIN KATHOLISCHER Verwandter oder Freund gestorben ist, dann bekommt man sicher auch ein Sterbebildchen. Meistens handelt es sich um ein Zettelchen von halber Postkartengröße, auf Vorder- und Rückseite überwiegend schwarz-weiß bedruckt. Auf der Vorderseite ist ein Foto der oder des Verstorbenen zu sehen (leider oft Porträts, die abschreckenden Steckbrief-Bildern gleichen) mit den Daten von Geburts- und Todestag. Irgendwo im Text taucht bestimmt der Wunsch „Ruhe in Frieden!" auf.

Auf der Rückseite findet sich ein Gebet oder ein Lied, das die/der Verstorbene besonders gern hatte, oft ein Auszug aus dem Rosenkranz. Die Idee dahinter ist die, dass diejenigen, die das Bildchen in die Hand nehmen, dann jedes Mal auch für die Seele der Verstorbenen beten.

Das Sterbebildchen kann man sich in sein Gesangbuch legen. Je älter man wird, umso mehr solcher Zettelchen finden sich darin. Und wer in der voll besetzten Kirche seine Sterbebildchen schon mal alle aufsammeln musste, weil sie alle auf einmal aus dem Buch gerutscht waren, hat einen kleinen Fingerzeig erhalten, wie nahe man vielleicht selbst einem Sterbebildchen gekommen ist, auf dem das eigene Porträt steht.

Blumenteppiche

MAN MUSS DAS erlebt haben. Früh um vier fängt man an, die Blütenblätter abzuzupfen. Dafür hat man schon am Tag vorher in vielen Wassereimern sämtliche verfügbaren Blumen zusammengestellt. Die Blumen hat man bis zu diesem Zeitpunkt im Garten und eigens dafür gepflanzt; Pfingstrosen für die rote Farbe, büschelweise Farn für den grünen Untergrund, Rosen in allen Tönen. Zunächst wird der Asphalt nass gehalten, dann wird in stundenlanger Arbeit der ganzen Familie das geplante Muster daraufgelegt. Jeder Anwohner übernimmt so viele Straßenmeter, wie sein Grundstück lang ist. Zum Schluss wird überall noch einmal sehr vorsichtig mit der Gießkanne Wasser darüber verteilt, damit alles liegen bleibt. Wenn man Glück hat, ist man kurz vor dem Beginn des Gottesdienstes fertig, mit schmerzenden Armen und verschwitztem Hemd.

Auf diese Weise entsteht ein Blumenteppich, womöglich kilometerlang. Eigentlich ein völlig durchgeknalltes Unternehmen. Denn der einzige Zweck des Ganzen besteht darin, dass nach dem Sonntagsgottesdienst der Priester mit der Monstranz über diesen Teppich aus Blumen schreitet. Sobald er darüber gelaufen ist, hat das Kunstwerk am Boden seinen Sinn erfüllt. Der ganze Aufwand also für nur ein paar Sekunden.

Wer macht so etwas? Offenbar vor allem Leute, für die Natur und Gottes Schönheit zusammengehören, die keine Scheu vor Kindlichkeiten haben und auffallend immun sind gegenüber dem Maß von Nutzen pro Zeiteinheit.

Päpstliche Briefe

WENN DER PAPST an die Katholiken auf der ganzen Welt einen Brief schreibt, heißt der „Enzyklika". Üblicherweise handelt es sich um ein Thema, das dem Papst so drängend geworden ist, dass es jetzt aus dem Hals heraus muss. Sterbehilfe oder AIDS, die Rolle von Maria, die Ungerechtigkeiten der Globalisierung oder irgendein Missverständnis, das nun zurechtgerückt gehört.

Manche Enzykliken werden in bestimmten Ländern oder Erdteilen begeistert begrüßt, in anderen sehr reserviert aufgenommen. Denn die eigentliche Herausforderung für die Leitung einer weltweiten Kirche liegt darin, dass bestimmte Aussagen, die in Europa auf eine bestimmte Weise verstanden werden, in Asien einen völlig anderen Eindruck erwecken. Manche Themen interessieren die Katholiken in Deutschland brennend, sind aber für Leute aus Zentralafrika kaum von Bedeutung. Das weit ausgespannte Gebälk einer Kirche, das sich über so unterschiedliche Kulturen und weltweit ausspannt, knackt manchmal vernehmlich.

Entsprechend allgemein bleibt dann auch oft die Sprache einer Enzyklika. Sie soll überall noch verständlich sein und wird dadurch manchmal enttäuschend unkonkret. Katholiken hören Enzykliken oder lesen sie sogar aufmerksam, so wie man einem nahestehenden Verwandten zuhört, und lassen sich von einer Enzyklika auch einmal infrage stellen. Was sie dann aber tatsächlich daraus machen, kann niemand mehr kontrollieren. Manche Enzykliken fallen sogar, sehr zum Ärger der Verfasser, stillschweigend unter den Tisch.

Litaneien

ES HANDELT SICH um die längsten Gebete der katholischen Welt. Auf ein Stichwort oder eine kurze Aussage der Vorbeterin oder des Vorbeters hin wird immer dieselbe Antwort gegeben. Wenn das eine Zeit lang so geht, kann die Gemeinde in eine leichte Trance geraten. Akustisch hört sich das aus der Entfernung an wie leichtes Wellenrauschen. Am bekanntesten ist vielleicht die Allerheiligen-Litanei, bei der eine umfangreiche Liste von Heiligen angerufen wird (in der Osternacht betet man eine Kurzfassung davon). Die versammelte Kirchengemeinde antwortet auf jeden aufgerufenen Heiligennamen: „Bitte für uns!"

Oft werden Litaneien auch gesungen, und dann kann der Trance-Effekt noch größer werden. Warum auch nicht?

Litaneien gibt es in vielen Religionen. Sie kommen uns nur darum so typisch katholisch vor, weil sie in protestantischen Gottesdiensten so selten sind. Schon in der Reformationszeit empfand man sie als zu oft nur heruntergeleiert. Aber wer schon einmal einen langen Gottesdienst erlebt hat, in dessen Verlauf nur Taizé-Lieder vorwärts und rückwärts gesungen wurden, weiß es besser. Die unendlichen Kanons, mit immer den gleichen Refrains? Klingt allerdings verdächtig nach Litanei. Darf es ja auch.

Freitags Fisch

FREITAGS ESSEN KATHOLIKEN Fisch und kein Fleisch. Oft wissen sie gar nicht mehr, wieso. Hab ich schon immer so gemacht, schon bei meinen Eltern. Wenn man so einen Brauch aus jedem Zusammenhang löst, wird er natürlich auch mit der Zeit immer schwerer nachzuvollziehen.

Eigentlich ist das Fischessen auch nur Ausdruck des symbol- und rhythmusbesessenen katholischen Bewusstseins. Denn Christus starb ja an einem Freitag. Seither stehen alle Freitage sozusagen unter Vorbehalt. Im Zweifelsfall waren die Freitage im Jahr Fastentage, und Fasten bedeutete zumindest eines: kein Fleisch (und karfreitags sogar überhaupt nichts).

Stattdessen gibt es typische, einfache Nicht-Fleischgerichte: arme Ritter, Karthäuserklöße, Dampfnudeln, Reibekuchen bzw. Kartoffelpuffer. Oder eben ein Stück Fisch. Dass es, falls vorhanden, am Sonntag ein Stück Fleisch geben durfte, lag nicht daran, dass es dann zufällig halt da war, sondern wenn überhaupt ein Tag dafür infrage kam, dann eben genau der Sonntag – an diesem Tag war Christus auferstanden, und seither war eben jeder Sonntag ein kleines Fest.

Wenn also in manchen Gegenden immer freitags die Fischtheke leer gekauft wird, bekommen Statistiker einen eindeutigen Hinweis: Hier darf man mit einem hohen Anteil von Katholiken rechnen.

Chorgebet

EINE IN FRAUEN- oder Männerorden verbreitete Form des Gebets. Üblicherweise nicht allein, sondern eben, genau, im Chor. Vielleicht haben Sie es schon einmal in einem größeren Kloster erlebt: die Menge der Ordensleute, die alle den gleichen Habit tragen und schweigend in Zweierreihen die Kirche betreten. Dann nehmen sie rechts und links im Chorraum (vor dem Hochaltar) in hohen Stühlen Platz. Und dann beginnt das Chorgebet im Wechsel zwischen linker und rechter Seite der Betenden.

Gebetet oder gesungen werden in der Regel die Psalmen. Dabei handelt es sich um 150 Lieder aus dem Alten Testament, die schon Jesus sehr gut kannte. Diese 150 Psalmen werden im Verlauf einer Woche gesprochen oder gesungen, und zwar immer zu den gleichen Gebetszeiten: den Laudes, sehr früh am Morgen; der Mittagshore; der Vesper früh am Abend und zum Abschluss des Tages bei der sogenannten Komplet. So beten Ordensgemeinschaften überall auf der Welt, seit Jahrhunderten. Früher auf Latein, inzwischen auch in der Landessprache. Wenn man alle Psalmen nach einer Woche durch hat, fängt man von vorne an.

Das Chorgebet ist auch bei orthodoxen Christen bekannt. Es ist nichts für Freunde der Einsamkeit, weil immer jemand neben, hinter oder vor dem Betenden steht, der auch betet. Das müssen nicht Leute sein, die man besonders mag. Die Disziplin des Chorgebets nimmt auch herzlich wenig Rücksicht darauf, ob einem gerade danach zumute ist. Manche sagen, es sei eine richtige Arbeit.

Devotionalien

ÜBERALL, WO ES einen gewissen Publikumsandrang an heiligen Orten gibt, werden sie angeboten: kleine Marienstatuen, Rosenkränze, Heiligenbilder, große Kreuzchen, kleine Kreuzchen, Papstbilder. Devotionalien eben. Eigentlich sind sie zur „devotio" da, wie es so schön auf Latein heißt, zur „Verehrung". Tatsächlich können sie einem auf den Wecker fallen, wenn man von einem Wallfahrtsort mehr will als Tourismus.

Allerdings haben diese Devotionalien auch etwas im Grunde Unschuldiges. Meistens bewegt sich ihr künstlerisches Niveau eindeutig unter der ästhetischen Gürtellinie. Wer Hunderte von Plastikfläschchen in Mariengestalt gesehen hat, gefüllt mit Lourdes-Wasser, der Kopf der Gottesmutter mit praktischem Schraubverschluss, der hat zum Meditieren genug. Das Interessante an Devotionalien ist ja nicht nur die Massenherstellung, sondern auch der beherzte Griff zum Kitsch.

Ernsthafte Christen regen sich oft darüber auf. Pure Geldmacherei! Aberglaube! Neuheidnisches Getue! Ja, man muss sich eingestehen, dass man den meisten Devotionalien sinnvoll nur mit einem gewissen Humor begegnen kann. Warum solche Unsäglichkeiten nicht als etwas Naiv-Harmloses verstehen, was sie eigentlich sind? Ein Kinderspiel mit Heiligem? So gesehen, wird das Ganze ein bisschen heiterer, leichter. Und zu Hause, auf dem Nachttisch, da, wo es niemand sieht, stellt man dann die kleine Maria auf und freut sich, dass sie da steht.

Vierzehn Nothelfer

ES HANDELT SICH um eine Gruppe von Heiligen, die früher unter Katholiken ganz selbstverständlich als Lösung für alle Fälle galten, inzwischen aber deutlich in den Hintergrund getreten sind. Es waren dies der heilige Achatius, Ägidius, Blasius, Christophorus, Cyriak, Dionysius, Erasmus, Eustachius, Georg, Pantaleon und Vitus sowie die heilige Barbara, Katharina und Margareta. Je nach Region wurden auch örtliche Heilige eingewechselt.

Jede und jeder von ihnen hatte seine besonderen Kompetenzen, aber die konnte man alle auf einmal in Anspruch nehmen, wenn man sich nur summarisch an die „vierzehn Nothelfer" wandte. Damit waren dann abgedeckt Kopfweh, Einsamkeit, Unfruchtbarkeit, Epilepsie, eine gute Sterbestunde, Aussatz und Unfälle. Angesichts horrender Beiträge der Krankenversicherungen heute vielleicht eine bedenkenswerte Alternative.

Weil das Universum katholischer Heiliger immer unübersichtlicher wurde, war die Zusammenfassung in Gruppen eigentlich naheliegend. Ein bisschen zu sehr in den Hintergrund schien dabei allerdings getreten zu sein, warum man sich als Katholik überhaupt mit Heiligen hatte beschäftigen sollen – nämlich weniger als Ersatz für wirksame Medikamente, sondern als originelles Vorbild für ein Leben, das endlich einmal der Rede wert ist.

Wallfahrten

SIND NUR EIN anderes Wort für Pilgerschaft. Überall auf der Welt haben Katholiken ihre speziellen Orte, zu denen man wallfahren oder pilgern kann: Benediktbeuren, Lourdes, St. Anne de Beaupré, Rom und Santiago de Compostela. Dort angekommen, findet man Obdach in sehr einfachen Pilgerunterkünften oder teuren Hotels, beendet die Wallfahrt mit einem Gottesdienst in der Kirche des Wallfahrtsortes (fromme Version) oder einem Besäufnis in der Klosterbrauerei (unfromme Version).

Seit einiger Zeit ist zunehmender Verkehr auf den alten Pilgerwegen zu beobachten, etwa auf dem Jakobsweg. Der Weisen des Fortbewegens gibt es für die Pilger unzählige: allein oder in der Gruppe, tagelang, monatelang. Mit dem Kirchenchor im Bus an einem Wochenende mit Abstecher an den Lago Maggiore. Zu Fuß mit dem Freundeskreis Buddhismus e.V. Per Mountainbike zusammen mit den Freizeit-Kickern usw.

Natürlich wissen auch Nicht-Katholiken, wenn sie sich nur ein bisschen informiert haben, dass entscheidend für eine sinnvolle Wallfahrt gar nicht einmal das Ankommen in der Basilika XY ist, sondern der Weg dorthin. Es nützt Wallfahrern wenig, an einem bestimmten Ort alte Wunder abstauben zu wollen; die eigentlichen Wunder der Umkehr, der neuen Anfänge, der Vergebung, der neuen Sicht auf alte Zusammenhänge ereignen sich unterwegs. Alle Umwege und Sackgassen inbegriffen.

Tote

NUR NOCH SELTEN wird die oder der Verstorbene zu Hause aufgebahrt, also in den Sarg gelegt, aber bei geöffnetem Deckel. Die Familie, die Nachbarschaft, die Freunde haben Gelegenheit, sich von ihr oder ihm zu verabschieden. Doch meistens macht der Bestatter seine Arbeit ziemlich rasch, und die Angehörigen müssen sich beeilen, wenn sie ihren Toten überhaupt noch einmal sehen wollen. Noch vor der Beerdigung kommt es vielerorts zum sogenannten „Totengebet", bei dem in der Kirche Psalmen oder der Rosenkranz für die Verstorbenen gebetet werden.

Wenn die oder der Tote zum Friedhof gebracht worden ist, findet dort ein kurzer Gottesdienst statt. Nachdem der Sarg in das ausgehobene Erdloch hinabgelassen wurde, tritt man an ihn heran und besprengt ihn dreimal mit Weihwasser, anschließend wird Erde auf den Sarg geworfen. Immer wieder ein kleiner Schock auf dem Friedhof ist dann das Gebet für „denjenigen unter uns, der als Nächster dem Verstorbenen nachfolgen wird". In manchen Gemeinden findet dann eine Eucharistiefeier statt, bei der des Verstorbenen gedacht wird, das „Seelenamt". Manchmal macht man das auch ein paar Tage später. Was aber unter Katholiken nicht gern aufgeschoben wird, ist der „Leichenschmaus". Klingt etwas geschmacklos, ist aber in Wirklichkeit ein kleine freundliche Antwort auf das drohende Übergewicht der Tränen: man redet Gutes und nicht so Gutes über den Verstorbenen, kippt sich einen hinter die Binde und ist dankbar, dass es sie oder ihn gegeben hat.

Tischmütter

EIN EXOTISCHER BEGRIFF. Wider Erwarten dreht es sich nicht um die Mütter von Tischen. Oder um Mütter, die ungeheuer stolz darauf sind, einen Tisch zu besitzen.

Katholiken verstehen in der Regel gleich, was gemeint ist. Denn wenn Kinder auf die Erstkommunion vorbereitet werden, dann macht das inzwischen nicht mehr einer der selten gewordenen Pfarrer. Dafür sind in den Gemeinden Laien zuständig, meistens Frauen, die selbst Kinder haben. Bei denen zu Hause treffen sich dann einmal in der Woche fünf oder sechs Kinder um einen Tisch herum und reden über die Eucharistie, basteln irgendwelche Sachen, die damit zu tun haben können, und hören Geschichten,

Theoretisch können es natürlich auch Tischväter sein. Es gibt sie auch, aber es sind im Verhältnis wenige, was gerade kleinen Jungen diese Form der Vorbereitung nicht leichter macht.

Wenn sich so viele Kinder um einen Tisch herum versammeln, und dann vielleicht welche, die sonst wenig miteinander zu tun haben oder sich überhaupt nicht leiden können, lässt sich leicht vorstellen, dass die Aufgabe von Tischmüttern so einfach nicht sein kann. Und leider sind Kinder auch noch so gemein, zu stören und Quatsch zu machen, wenn ihnen langweilig wird. Dass dennoch die wenigsten Tischmütter entnervt das Handtuch werfen, rechnet ihnen jede Gemeinde hoch an.

Caritas

ANDERS ALS DIE deutsche Sprache hatte die lateinische zwei ganz unterschiedliche Worte für die Liebe, nämlich „amor" für die erotische Zuneigung zwischen den Geschlechtern und „caritas". Mit Caritas ist die Liebe zum Mitmenschen gemeint, dem man zur Seite steht, wenn sie oder er Hilfe braucht.

„Caritas" nennt sich auch die Organisation, die 1897 von Katholiken in Deutschland gegründet wurde, um eine Antwort darauf zu geben, dass die Industrialisierung so viele Sicherheiten brutal zerschlagen hatte. Mittlerweile gibt es kaum Deutsche, die diesen Namen nicht kennen, wegen des Kindergartens in ihrer Nähe, einer Behinderteneinrichtung oder wegen der internationalen Hilfe, die schnell und effizient dort geleistet wird, wo es auf der Welt zu einer Katastrophe kommt.

Die meisten Katholiken empfinden eine tiefe Verbindung mit ihrer Caritas, nicht nur, weil sie da vielleicht arbeiten (sie ist nämlich einer der größten Arbeitgeber Deutschlands), sondern weil sie es auch schätzen, was die Caritas macht. Allerdings hat die Versuchung zugenommen, den Profis von der Caritas alles zu überlassen, was irgendwie mit sozialen Problemen zu tun hat. Warum soll ich dem helfen? Da rufen wir einfach die Caritas an. Ein Holzweg, auf den sich nicht nur Katholiken etwas zu bereitwillig begeben.

Rosenkranz

WAHRSCHEINLICH HABEN Kreuzfahrer dieses Gebet aus dem Heiligen Land mitgebracht. Die Analphabeten des Mittelalters haben es geliebt. Zur Reformationszeit schlugen sich die Parteien den Rosenkranz um die Ohren. In der Aufklärung gossen die Gebildeten ihren Spott über ihn aus. Im 19. Jahrhundert geriet er zur Spezialität für Frauen, um die Männer einen weiten Bogen machten. Heute ist der Rosenkranz hierzulande eine etwas zweifelhafte Angelegenheit geworden, die sich oft nur unter älteren Menschen in düsteren Kirchen abspielt. In anderen Ländern ist er bis heute eine ganz alltäglich geübte und geliebte Praxis.

Der Rosenkranz gilt als etwas typisch Katholisches, was er von seinen Texten her gar nicht sein müsste. Anders als viele glauben, ist er nämlich gar kein Mariengebet, sondern ein Gebet, das um das für Christen zentrale Geheimnis überhaupt kreist: Wie ist es möglich, dass Gott ein Mensch wird?

Die Hindus nennen ihn bis heute respektvoll das „Mantra der Christen". Und zwar deshalb, weil der Rosenkranz viel mehr auf Rhythmus und Atem setzt als auf durchreflektierte, intelligente Gebetsformulierungen. Er verlangt auch gar keine schnelle Problembehebung vom lieben Gott. Einfach nur Gegenwart. Keine sonstige Leistung. Fast ärgerlich einfach. Manche wollen genau deshalb nichts damit zu tun haben.

Kreuzweg

MAN SIEHT IHN oft in katholischen Kirchen. Vierzehn kleine Bilder oder Reliefs, meistens an den Wänden angebracht. Jedes dieser Bilder zeigt eine andere Szene des letzten Weges Jesu zum Kreuz. Sie sind als Meditationsweg gedacht, dem man auch dann folgen kann, wenn man ganz allein in der Kirche ist. Es gibt aber auch großzügig angelegte Kreuzwege im Freien. Diese Kreuzwege werden auch in Prozessionen begangen, und an der jeweiligen Station betet man in Gruppen. Oft gibt es in der Fastenzeit eigene Kreuzwegandachten.

Die vierzehn Szenen sind keine leichte Kost: Jesus wird zum Tod verurteilt; er schultert das Kreuz; er fällt mehrere Male unter der Last des Kreuzes; er begegnet seiner trauernden Mutter; ein Zuschauer wird gezwungen, Jesu Kreuz mitzutragen; Veronika gibt Jesus ein Tuch, damit er sich den Schweiß abwischen kann; er begegnet weinenden Frauen und tröstet sie; Jesus werden die Kleider ausgezogen; er wird ans Kreuz geschlagen; Jesus stirbt am Kreuz; Maria hält den toten Jesus auf ihrem Schoß; der Leichnam Jesu wird ins Grab gelegt.

Katholiken kennen solche Kreuzwege. Sie sind für sie wie Szenen aus einem seit langem bekannten Film, der vierzehnmal angehalten wurde. Die meisten haben die eine oder andere Szene, die sie am tiefsten bewegt. Wie das bei Bilderleuten eben ist. Den Gesamtfilm hat man trotzdem immer im Kopf.

Angelus

WENN BEI EINER katholischen Kirche frühmorgens, mittags und abends ohne weiteren Anlass die Glocken läuten, dann handelt es sich – wahrscheinlich zum Ärger mancher Anwohner – um das „Angelusläuten". Durch dieses Läuten sollen die Menschen daran erinnert werden, jetzt ein Gebet zu beten, das mit den Worten beginnt: „Der Engel des Herrn brachte Maria die Botschaft ..." Angelus heißt auf Deutsch „Engel" und ist insofern nur eine kleine Abkürzung für die ins Gedächtnis gerufene Szene, in der ein Bote Gottes zu Maria tritt und ihr die Geburt des Messias ankündigt. Das Gebet ist auch einfach als „Engel des Herrn" bekannt. Geläutet wird dazu nur außerhalb der Osterzeit (in ihr hat man diese Erinnerung nicht so nötig).

In diesem Gebet geht es, wie auch beim Rosenkranz, um ein Ereignis, über das Katholiken sich ihr Leben lang nicht aufhören zu wundern, nämlich die Menschwerdung Gottes. Der Erschaffer der Welt, der zu einem Kind wird, heranwächst, arbeitet, schwitzt, lacht, trauert und am Ende hingerichtet wird. Wie war das überhaupt möglich?

Darum dreimal am Tag das Angelusläuten. Auch wenn es manche Langschläfer frühmorgens traumatisiert. Auch wenn es viele Katholiken gibt, die kaum noch wissen, warum die Glocken derart aufdringlich ihre Arbeit tun.

VIII

Die Katholiken und ihre Zeit

Advent

DAS JAHR DER Katholiken beginnt nicht mit dem ersten Januar, sondern mit dem ersten Advent, also am vierten Sonntag vor Weihnachten. An jedem der Adventssonntage wird eine weitere Kerze am Adventskranz entzündet, sodass kurz vor dem Heiligen Abend am 24. Dezember alle vier Kerzen brennen.

Der Advent ist eine Zeit der Vorbereitung und der Erwartung. Es geht bekanntlich auch tatsächlich um eine Schwangerschaft und um eine Geburt. Deswegen bekommt der Advent gerade für Kinder so etwas Schwebendes und Freudiges. Nun ist die Zeit von Weihnachtsplätzchen und einschlägigen Kleinigkeiten. Nun kann man anfangen, Strohsterne zu stylen und transparentes Papier zu falten, das man dann an Weihnachten an die Fenster klebt. Nun üben kieksende Blockflöten die Advents- und Weihnachtslieder.

Die Weihnachtsfeiern der Firmen samt Ehrungen und Alkohol fallen auch in diese Zeit, haben aber mit dem Advent der Katholiken betäubend wenig zu tun. Denn der ist eher still angelegt, leise, meditativ. Ein Weihnachtsmann taucht übrigens in diesem Zusammenhang nicht auf, wohl aber ein heiliger Nikolaus. Am 24. Dezember ist dann Schluss mit dem Advent. Dann kann richtig gefeiert werden. Aber auch erst dann.

Barbarazweige

DIE HEILIGE BARBARA tat nicht das, was ihr Vater wollte, nämlich einen Mann heiraten, den er ihr ausgesucht hatte, der aber kein Christ war. Von Christus aber war Barbara überzeugt und darum kam das für sie nicht in Frage. Ihr Vater reagierte über die Maßen, indem er sie monatelang in einen Turm sperrte, ohne ihr etwas zu essen zu geben (darum findet sich auf jedem ihrer Bilder immer irgendwo ein Turm). Am Ende ließ er sie sogar hinrichten.

Barbara ist eine der beliebtesten Heiligen; sie wird angerufen als eine der vierzehn Nothelferinnen und galt als besondere Hilfe bei der Begleitung von Sterbenden. Auch für die Leute im Bergbau und alle, die mit Bauwerken zu tun hatten, galt sie als Patronin. Ihr Namenstag ist am 4. Dezember.

Für diesen Tag hat sich bis heute ein poetischer Brauch unter Katholiken erhalten. Denn der Winter ist zu diesem Datum bereits heftig anwesend. Da hätte man gern ein Zeichen, dass es nicht für immer Winter bleiben wird. Kann man haben. Man nehme eine Baumschere, schleiche sich zum nächsten Obstbaum und schneide sich ein paar Äste herunter, am besten solche mit Knospenansätzen dran. An eben diesem 4. Dezember stelle man sie in eine Vase, und wenn man Glück hat, dann erblühen die Zweige an Weihnachten. Wenn nicht, blühen sie später (oder gar nicht).

Heiliger Abend

JEDES KIRCHLICHE FEST fängt traditionell schon am Abend vorher an. Darum beginnt auch Weihnachten nicht erst am 25. Dezember, sondern schon am Abend zuvor. In welcher Reihenfolge dann was abläuft, ist auch unter Katholiken sehr unterschiedlich: Manche teilen ihre Geschenke gleich abends aus, manche warten bis zum 25. Dezember nach der Kirche, manche fühlen sich wunderbar aufgeklärt, wenn sie sich puritanisch gar nichts schenken. Am Heiligen Abend jedenfalls ist in den Kirchen oder zu Hause eine Krippe zu sehen; eine Erfindung des heiligen Franz von Assisi und viel älter als so etwas wie ein mitteleuropäischer Weihnachtsbaum.

Das Aufstellen der Krippe nebst Inventar an Vieh, Menschen und Engeln versetzt große und kleine Katholiken regelmäßig in einen Zustand kleinkindlicher Ergriffenheit. Von nun an ist man zu jeder Rührung bereit. Die Zahl geflügelter Wesen multipliziert sich in nahezu aufdringlicher Weise. Weihnachtsmusik, Weihnachtsbeleuchtung, Weihnachtsbraten. Ein süßes Lied nach dem anderen. Da wird gern überhört, dass das Weihnachtsevangelium mit einer Ausstoßungsgeschichte beginnt (Josef und die schwangere Maria landen nicht zufällig in einem Stall) und die Hirten eher so etwas wie Outlaws waren.

Gott wird ein Mensch. Eine Zumutung sondergleichen, deren Spitze auch bei Katholiken gern familiär-gemütlich unter den Tisch fällt. Da braucht es ein Korrektiv, und Katholiken haben gleich zwei davon, nämlich erstens den …

Stephanstag

DER ERSTE UNANGENEHME Einspruch gegen zu viel Weihnachtsseligkeit. Schon am 26. Dezember schreckt dieser Tag die verzückten Gläubigen auf.

Eben hatte man doch noch die Bilder im Kopf vom Christkind in der Krippe, Ochs, Esel, Engel und Eltern friedlich versammelt, Geschenke ausgepackt, Weihnachtsbaum glitzernd, Festtagsmenü auf dem Tisch, da schiebt die Liturgie dem Ganzen einen ziemlich massiven Riegel vor. Denn sie erzählt in der Messe des Zweiten Weihnachtstages von einem blutigen Martyrium.

Der heilige Stephanos verkündet in Israel die Botschaft, dass Gott seinen Sohn geschickt habe und mit ihm der Messias gekommen sei, gerät in Verzückung und sieht „den Himmel offen". Die Idee aber, dass Gott zu einem Menschen geworden sein sollte, empfinden seine wütenden Zuhörer als derart lästerlich, dass sie ihn auf der Stelle steinigen.

Diese Bildstörung also mutet die Liturgie den Zuhörern schon einen Tag nach Weihnachten zu. Eine Spannung, wie sie nur von guten Regisseuren erzeugt wird. Und das wird Katholiken jedes Jahr vor Augen geführt. So niedlich kann das mit dem Gottessohn nicht sein … Doch damit nicht genug. Es folgt das …

Fest der Unschuldigen Kinder

NUR ZWEI TAGE nach dem Stephanstag gedenken Katholiken in ihren Kirchen des Massakers an den Kindern von Bethlehem. Die nachrichtendienstliche Quellenlage für König Herodes war lückenhaft. Er wusste nur, dass in dieser judäischen Kleinstadt ein Kind geboren sein sollte, das zu einer Bedrohung werden könnte. Also seine Soldaten hingeschickt und alles umbringen lassen, was bis zu zwei Jahre alt war. Der kleine Jesus war gerade noch rechtzeitig nach Ägypten entkommen.

Jedes Jahr am 28. Dezember bekommt die weihnachtliche Festfreude also einen unschönen Beigeschmack. Warum war ein warnender Engel nur Josef und nicht auch anderen in Bethlehem erschienen? Hatte es einen verborgenen Sinn, wenn andere Kinder starben, ihre Eltern verzweifelten, aber der Heiland ungeschoren davonkam?

In den Kirchen stehen noch die geschmückten Tannen, die Krippen und die Strohsterne hängen herum. Aber das Evangelium dieses Tages macht das katholische Frohlocken etwas mühsam, man kann kaum glauben, was man heute zu hören bekommt. Die Liturgie dieses Tages ist ein Brocken, den auch fromme Katholiken nur mit Mühe herunterbekommen.

Blasiussegen

BLASIUS WAR BISCHOF im heute türkischen Sebaste und erlitt in einer der Christenverfolgungen ein furchtbares Martyrium. Als er im Kerker auf seine Hinrichtung wartete, soll er einen ebenfalls inhaftierten jungen Mann vor dem Ersticken gerettet haben. Denn dem war eine Fischgräte so quer in den Hals gerutscht, dass er keine Luft mehr bekam. Und wie das mit den Legenden der Katholiken eben so ist – Blasius konnte damals noch nicht wissen, wie ihm geschehen würde, aber Jahrhunderte später war er im Konzert der Heiligen zuständig für alles, was mit dem Hals zu tun hatte.

Heute noch wird in vielen katholischen Kirchen Anfang Februar der beliebte Blasiussegen gespendet. Das sieht so aus, dass sich die Gäubigen im Gottesdienst wie zur Kommunion anstellen, aber tatsächlich tritt der Priester dann vor jeden Einzelnen und segnet sie oder ihn mit einem Kreuzzeichen. Dieses Zeichen macht er über zwei Kerzen hinweg, die er wie bei einem Andreaskreuz (sieht man an jeder Bahnschranke) übereinanderhält. Auf diese Weise wird das Gesicht der Gesegneten wie eingerahmt von den beiden Kerzen.

Die meisten Katholiken kennen zwar die Blasiusgeschichte mit dem Halsweh, machen sich aber im Ernstfall auch lieber Halswickel oder greifen zum Medikament. Den Blasiussegen bekommen sie trotzdem gern. Licht und Segen ganz nah bei sich – dieser Versuchung kann ein katholisches Gemüt kaum widerstehen.

Fastnacht und Karneval

ES HAT ZEITEN gegeben, da gab es überall dort, wo es Christen gab, auch eine Fastnacht. Maskenbräuche hatte man auch schon vor ihnen gehabt, aber die Christen hatten sie, wie so manches andere, so getauft, dass sie ihnen in den liturgischen Kram passten. Die Jesuiten trieben zur Zeit der Gegenreformation diese Bräuche auf eine theatralische Spitze. Heraus kam ein ganz wunderbarer Dreischritt: Überfluss, Sinnlichkeit, Verkleidung (Fastnacht/Karneval); Verzicht, Fasten, Konzentration (Fastenzeit); und schließlich Stärkung, Hoffnung und Sieg über den Tod (Ostern). Die heiße Zeit der Fastnacht dauert sechs Tage, die darauf folgende Fastenzeit 40 Tage. Wer die Fastnacht so auskostet, wie sich das gehört, hält das auch kaum länger als sechs Tage durch.

Der Zusammenhang von Fastnacht, Fastenzeit und Ostern wird in manchen Gegenden leider nicht mehr richtig zusammengebracht. Im schlimmsten Fall wird dann aus dem bloßen Verzichten eine asketische Höchstleistung oder aus der unritualisierten Fastnacht ein grenzenloses Besäufnis.

Martin Luther lehnte übrigens weder Fastnacht noch Karneval ab (dazu war er wahrscheinlich noch viel zu katholisch), viele seiner Jünger nach ihm schon. Aber unter der Maske sieht man ja nichts von der Konfession.

Aschermittwoch

ES SOLL JA LEUTE geben, die schon ab Weihnachten darauf warten, dass es endlich wieder ernsthafter zugeht, mit Einschränkungs-Marathon und Depri-Blicken. Die werden diesen Tag kaum begreifen.

Denn der Aschermittwoch ist quasi das Scharnier zwischen Fastnacht und Fastenzeit. Wer die sechs Tage ab dem Donnerstag vorher bis zum Ende der Fastnacht wirklich intensiv verbracht hat, der steht leicht in der Gefahr, zu diesem Zeitpunkt durchzudrehen. So viel Offenheit, Rausch, Buntheit, Entgrenzung, Tanz, anderes Leben als im Alltag – warum nicht alle Tage so sein? Hier beginnt es nun, leicht nach Wahnsinn zu riechen. Damit der nicht ausbricht, braucht es einen kleinen therapeutischen Schock. Und der wird einem dann am Aschermittwoch verpasst.

Denn an diesem Tag wird die Schminke abgewischt und die Maske weggelegt. Frauen und Männer stehen in der Kirche mit Ringen unter den Augen und Kopfweh in einer Reihe wie zur Kommunion. Aber diesmal gibt es keine Hostie. Stattdessen macht der Priester jedem von ihnen ein Kreuz aus Asche auf die Stirn und spricht dazu: „Gedenke, dass du vom Staub kommst und zum Staub zurückkehrst." Dass damit die Fastenzeit anfängt, begreift spätestens in dieser Minute auch der ausschweifendste Narr.

Fastenzeit

KATHOLIKEN HALTEN SIE die vierzig Tage vom Aschermittwoch bis zur Osterwoche durch. Früher bedeutete diese Zeit konsequenten Verzicht auf bestimmte Nahrung, z. B. Fleisch, Eier, Fett und Zucker. Das Zweite Vatikanische Konzil räumte auf mit der zu kleinen Idee, dass der Nahrungsverzicht allein schon einem Ausweis von Heiligkeit gleichkäme. Es mahnte vielmehr den ursprünglichen Sinn einer Zeit des Fastens an: Es handelt sich doch um eine Vorbereitungszeit auf das höchste Fest der Christen, Ostern nämlich, und da geht es um ein inneres Aufräumen, weniger um Kalorien.

Inzwischen entdecken immer mehr Menschen die 40-tägige Fastenzeit wieder. Als Gelegenheit nämlich, ein bisschen Unabhängigkeit zurückzugewinnen. Viele Christen testen an ihren kleinen persönlichen Neigungen aus, was passiert, wenn sie sechs Wochen lang genau darauf verzichten: Fernsehen, Süßigkeiten, Pornos, Handy, Fleisch, Zigaretten, PC-Spiele, Alkohol, Discos o. Ä. Man macht sozusagen Experimente mit dem eigenen Abhängigkeitsfaktor.

Ob man seiner Neigung nach dem Osterfest tatsächlich wieder im alten Umfang gehorcht, sie zukünftig einschränkt oder eine Therapie anfängt, ist dann schon die eigene Entscheidung.

Palmsonntag

AN DIESEM TAG ist ganz schön was los in der Kirche. Mit diesem Sonntag beginnt die Karwoche, also die Woche vor Ostern, und die Szene, um die es heute geht, ist weithin bekannt: Jesus zieht in Jerusalem ein, und die Menge ist begeistert, wedelt mit Palmzweigen und begrüßt ihn mit „Hosianna!". Dass er trotzdem umgebracht werden wird, noch bevor diese Woche vorbei ist, hat sich auch unter Katholiken herumgesprochen. Aber sie feiern jedenfalls erst einmal mit den Jerusalemern mit. Vor allem die Kinder.

Denn die haben seit Tagen ihre Palmstecken vorbereitet. Mit ein paar einfachen Zweigen haben sich die wenigsten begnügt. Oft handelt es sich um meterhohe Konstruktionen, bei denen die Väter am Samstag vorher endlich mal daheim ihre handwerklichen Fähigkeiten nachweisen konnten. Und so sind dann Gebilde aus Buchs und Thuja entstanden, kunstvoll verflochten, mit farbigen Papierbändern, und oft viel, viel höher als das dazugehörige Kind.

Die Stecken kommen oft kaum zur Kirchentür herein, weil sie so lang sind. Sind sie dann endlich mal drin, haben die Kleinen alle Mühe, ihre Palmstecken tragetechnisch zu bewältigen. Insgeheim sind alle Kirchenbesucher darauf eingestellt, so ein Ding durchs Gesicht gezogen zu bekommen. Hinterher werden sie an den Häusern gut sichtbar angebracht. Hat das Ganze etwas leicht Behämmertes? Ganz bestimmt. Aber die Stimmung ist gut, man lacht viel, und Karfreitag ist erst in ein paar Tagen!

Gründonnerstag

EIN KLEINES OSTERN in der traurigen Karwoche. Die Spannung steigt nun sichtlich in der Liturgie dieser Tage. Traditionell gehen Katholiken heute am Abend in den Gottesdienst, denn eines Abends wird auch gedacht: Jesus hielt mit seinen Jüngern das damals übliche Pascha-Mahl. Aber er gab diesem traditionellen Essen einen neuen Sinn, indem er auf sich selbst als Opfer hinwies und auf sein eigenes Blut, das vergossen würde. An diesem Abend setzte Jesus die Eucharistie ein.

Darum ist dieser Abend ein freudiges Ereignis, die liturgische Farbe in diesem Gottesdienst kann nur Weiß sein. In Domen, Kathedralen und den Klostergemeinschaften (es gibt auch Familien, in denen das geschieht) wird ein Vorgang wiederholt, zu dem es auch an diesem Abend gekommen war. Denn Jesus wusch jedem seiner Freunde vor dem Essen die Füße. Wenn der Bischof Gemeindemitgliedern oder die Äbtissin ihren Gästen oder Mitschwestern die Füße wäscht, soll deutlich werden, dass im Zentrum des Christentums der Dienst am Nächsten steht. Manche Leute finden diesen Ritus peinlich (dann war Jesus eben auch peinlich).

Die Stimmung des Abends ist freudig, aber auch ein bisschen bang. Denn alle wissen, wie die Geschichte weitergeht: Jesus bittet danach seine Freunde, mit ihm aufzubleiben und zu wachen; sie schlafen aber alle ein. Dann wird er verhaftet werden. Im Anschluss an den Gründonnerstags-Gottesdienst wird in den Gemeinden bis spät in der Nacht in den Kirchen schweigend gebetet.

Karfreitag

SO BUNT UND SO farbenfroh sich sonst das katholische Kirchenjahr aufführt, an diesem Tag ist Schluss mit lustig. Mit Ausnahme von Kindern und Kranken werden heute alle Gläubigen zum Fasten aufgerufen. Nachmittags um drei Uhr finden weltweit die Karfreitagsgottesdienste statt, weil Christus um diese Uhrzeit herum starb.

Keine Kirchenglocke läutet. Stattdessen sind Rätschen zu hören oder gar nichts. Rätschen sind Kurbeln aus Holz, bei denen sich ein kleiner Zahnkranz über einer Holzlamelle dreht. Es gibt kleine Rätschen, die man mit der Hand schwingen kann, und beeindruckende Konstruktionen, die man nicht allein bedienen kann. Das Ergebnis ist ein laut schnarrender, unschöner Klang, ein schleifendes Rattern. Es ist ein Zeichen der Trauer: heute haben hier wohltönende Glocken nichts verloren.

In der Kirche darf die Orgel nicht spielen. Die Stimmung des Gottesdienstes ist traurig. Alle Kreuze in der Kirche sind mit violetten Tüchern verhüllt. Oft wird geschwiegen. Eine Eucharistiefeier findet nicht statt. Stattdessen geht man zur Kreuzverehrung. Dabei liegt ein Kreuz auf den Altarstufen oder es steht davor. Nach und nach nähern sich die Kirchenbesucher, knien sich davor hin (in manchen Gegenden küssen sie das Kreuz), erheben sich und gehen auf ihren Platz. Alles im Schweigen. Manche Katholiken ertragen diesen Ritus kaum und möchten gern ein paar auflockernde Elemente darin unterbringen. Aber das passt gar nicht. Der Karfreitag ist ein Trauertag. Das muss man aushalten.

Osternacht

NACH DER TRAUER des Karfreitags nun ein dramatisches Geschehen. Früher gab es am Ostertag selbst noch drei Gottesdienste: bei Einbruch der Dunkelheit, mitten in der Nacht und in der Morgendämmerung. Inzwischen, nicht zuletzt wegen des Priestermangels, gibt es meistens nur einen Gottesdienst in der Osternacht.

Er beginnt vor der Kirche. Dort brennt Funken sprühend das Osterfeuer. An diesem Osterfeuer wird die Osterkerze entzündet. Sobald sie brennt, setzt sich der Zug aus Priester, Ministranten und Gemeinde in Bewegung und betritt die stockdunkle Kirche. Alles schweigt. Es ist ein bewegender Moment, dieses kleine Licht in der Finsternis näherkommen zu sehen. Der Priester singt dreimal laut „Lumen Christi!" („das Licht Christi"), jedes Mal im Ton etwas höher. Dann geben die Ministranten das Licht der Osterkerze an die Kerzen der Gläubigen weiter, bis die ganze Kirche von Kerzenlicht erfüllt ist. Nun wird in einem langen Gesang, dem „Exsultet", Gott jubelnd dafür gepriesen, dass er seinen Sohn gesandt hat. In den folgenden acht Lesungen wird die Geschichte der Welt von ihrem Beginn bis zur Auferstehung erinnert.

Wenn das Evangelium von der Auferstehung gelesen wurde, darf die Orgel endlich wieder spielen, und meistens tut sie es mit voller Kraft. Und nun ist endlich Ostern und die Freude darüber breitet sich in der Kirche aus. Nach dem Gottesdienst wünscht jeder jedem „Frohe Ostern" und versucht, sein brennendes Kerzchen bis nach Hause zu retten. Manche schaffen es auch.

Weißer Sonntag

MEISTENS HANDELT ES sich um den Sonntag nach Ostern. An diesem Tag dürfen die Kinder, die sich darauf vorbereitet haben, zum ersten Mal zur Kommunion gehen. Sie sind dafür besonders festlich angezogen, viele ganz in Weiß – daher der Name des Sonntags. Die Kinder sind zu diesem Zeitpunkt etwa acht oder neun Jahre alt.

Die Vorbereitungszeit hat ein paar Monate gedauert. In dieser Zeit haben die Kinder gelernt, was es für Christen bedeutet, an der Eucharistie teilnehmen zu können. Ganz bestimmt verstehen sie bis zum Weißen Sonntag (und auch noch lange danach) nicht in allen Tiefen, was die Kommunion wirklich bedeutet. Aber sie begreifen sehr gut, dass es sich nach der Wandlung nicht mehr um normales Brot handelt und dass sie damit in eine besondere Beziehung zu Gott treten können.

Die Stimmung an so einem Weißen Sonntag ist heiter und festlich. Überall hängen Fahnen herum, das Weihrauchfass tut qualmend seine Pflicht, der Chor singt, die Orgel, eine Blaskapelle oder eine Gruppe mit Gitarre spielen auf. Kleine Mädchen sind stolz auf ihren Haarschmuck. Kleine Jungs zupfen an der ersten Krawatte ihres Lebens herum oder überlegen sich, ob es doof aussieht, wenn man ein weißes Gewand trägt. Wohin man guckt, erfreute Gesichter. Spätestens nach dem Mittagessen haben die weißen Kleider die ersten Gras- oder Soßenflecken.

Marienmonat

ES HANDELT SICH um den gesamten Mai. In diesem Monat wird besonders der Altar oder der Ort geschmückt, an dem sich in der Kirche eine Marienstatue befindet. Vorzugsweise mit weißen Blüten: Hortensien, Lilien, Nelken, Rosen. Denn Weiß ist die Farbe der Unschuld und der Jungfräulichkeit, in diesem Fall also ein eindeutiger Hinweis auf die jungfräuliche Gottesmutter. In diesem Mai befinden sich die Kirchen vorwiegend in Frauenhand. Männliche Kirchgänger haben manchmal das Empfinden von nur geduldetem Gaststatus.

Mindestens einmal in der Woche, nach Möglichkeit öfter, finden nun abends Mai-Andachten statt. Dabei ertönen die alten Marienlieder, und als bevorzugter Text wird der Rosenkranz gebetet. Die Stimmung ist etwas süßlich (Nelken- oder Rosenduft), heimelig (Kerzen überall), der Sommer nähert sich, die Gärten sind grün, Maria wird einen Monat lang gefeiert, und mehr oder weniger bewusst wird die weibliche Seite Gottes mit verehrt.

Der Mai erhält auf diese Weise für Katholiken eine beschwingte Leichtigkeit. Die Passionszeit ist vorbei, der Trubel der Osterzeit auch, jetzt kann man sich in aller Ruhe dieser geheimnisvollen Frau widmen. Auch wenn man schon lange nichts mehr mit der Kirche zu tun hat – wer abends auf der Straße ein gedämpftes „Meerstern, ich dich grüße" hört, darf sentimental werden und Gefühle von damals an sich heranlassen, als man noch kleiner war.

Pfingsten

DIESES FEST AM fünfzigsten Tag nach Ostern (Griechisch „pentecostes" = fünfzig) hat es zu einem richtig emotionalen Fest bei Katholiken nie geschafft. Es ist eine frühsommerlich-luftige Angelegenheit, meistens zu einer Zeit, wenn alles grün geworden ist und es deutlich wärmer wird draußen, aber es bleibt doch so seltsam abstrakt. Der Heilige Geist! Wie soll man sich denn den vorstellen?

Die Geschichte, die das Fest begründet, erzählt davon, wie die Apostel in Jerusalem mit lauter Fremden der unterschiedlichsten Nationalitäten zusammen sind, und auf wunderbare Weise alle ihre unterschiedlichen Sprachen plötzlich verstehen können – weil der Heilige Geist auf sie herabkommt. Sozusagen die Geschichte mit dem Turm von Babel rückwärts. Manche bezeichnen Pfingsten darum als den Geburtstag der Kirche.

Das ändert aber nichts daran, dass die Pfingstgeschichte, im Vergleich zu Weihnachten oder Ostern, eindeutig die schwächere Story ist und darum auch wenig Identifikation einlädt. Nichtsdestotrotz wird die Herabkunft des Heiligen Geistes gut katholisch gefeiert; nicht zuletzt mit Liedern, die sogar wesentlich besser sind als viele allzu angekitschte Weihnachtssachen.

Nur dem Ochsen, der in manchen Dörfern mit Blumengirlanden reich geschmückt durch die Straßen geführt wird, dämmert selten rechtzeitig, warum dieses Pfingsten sein letztes sein wird.

Fronleichnam

AM ZWEITEN DONNERSTAG nach Pfingsten ist das Fronleichnamsfest. Für Nicht-Katholiken ein bizarrer Tag, bei dem man schon den merkwürdigen Namen nicht recht versteht (im Englischen „Corpus Christi"; Französisch „Fête Dieu"). Für Katholiken ist Fronleichnam etwas zutiefst Familiäres. Es geht um den Leib (= „lichnam") des Herrn (= „fron"), und wenn man dieses mittelalterliche Doppelwort einmal verstanden hat, kann man ahnen, dass dieses Fest für Katholiken etwas mit der Eucharistie zu tun haben muss. Warum man immer noch an so einem alten Begriff festhält, den niemand mehr kapiert, statt ihn endlich in heutiges Deutsch zu übersetzen? Da sind Katholiken dann merkwürdig stur.

Die Eucharistie, die sonst immer nur in gottesdienstlichen Räumen gefeiert wird, betritt an diesem Tag sozusagen die Straße. Das ist auch nötig, um wenigstens einmal im Jahr einem Irrtum vorzubeugen: Als ob sich Gott mit diesem Zeichen seiner Gegenwart in irgendeinem besonderen Raum unter Verschluss halten ließe! Weil das überhaupt nicht so ist, trägt man nun das eucharistische Brot, die verwandelte Hostie, in einer Monstranz durch alle Straßen und zeigt sie herum.

Beim Herumgehen zeigt man sich auch selbst, denen nämlich, die am Straßenrand stehen und das Ganze für einen dämlichen Zauber halten. Insofern ist es auch ein Bekenntnis. Dafür ist die Stimmung dann erfreulich unverkrampft.

Kräuterweihe

WANN ENTFALTEN HEILENDE und würzende Kräuter ihre höchste Kraft? Dann, wenn sie die meiste Sonne abbekommen haben. Das kann nur mitten im Sommer sein. Zum Beispiel am 15. August.

Zu diesem Termin nämlich wird ein besonders eigentümliches katholisches Fest begangen, das vielen Männern ebenso unverständlich wie bei Frauen beliebt ist: das Fest der Aufnahme Mariens in den Himmel.

Den Glauben an die leibliche Aufnahme der Gottesmutter im Himmel kann man bis zum 6. Jahrhundert zurückverfolgen. Zum Dogma erhoben wurde er erst im Jahre 1950. Begeisterung löste das beim Psychologen C. G. Jung aus, der das Prinzip der Weiblichkeit endlich angemessen geehrt fand. Viele andere hatten eher die Augen verdreht.

Wieder so ein Fest, bei dem eine komplizierte theologische Begründung weit hinter den begeisterten Gefühlen zurückblieb, die das katholische Volk entwickelt hatte. Die Fachleute argumentierten mit dem Tod als Zeichen der Erbschuld, die Maria nicht hatte, und darum ... Für die meisten Katholiken verstand es sich eigentlich von selbst, dass Christus seine Mama nicht einfach sterben lassen konnte, sondern sie zu sich holte. Und das mit den Kräutern geht auf eine Legende zurück, die hartnäckig weitererzählt wurde: Danach fanden die Apostel drei Tage nach der Bestattung Mariens sie selbst nicht mehr im Grab, stattdessen aber eine Überfülle duftender Kräuter und Blumen.

Dass man daraus ein Fest machen muss, ist für Katholiken sehr naheliegend.

Erntedank

NATÜRLICH EIN EIGENTLICH agrarisches Fest, und darum haben es ländliche Gemeinden auch bis heute am leichtesten, es zu feiern. In Deutschland wird es bei den Katholiken am ersten Sonntag im Oktober gefeiert, in anderen Gegenden aber zu völlig verschiedenen Terminen – weil es nun mal vom Klima abhängig ist, wann die Ernten eingebracht sind. Das Fest selbst gibt es schon seit den ersten christlichen Jahrhunderten.

Rings um den Altar fahren alle auf, was sie aus Garten, Feld und Weinberg vorzeigen wollen. Angefaultes Obst oder schief gewachsenes Gemüse wird man hier nicht finden, Ehrensache. Oft werden die Erntegaben nach dem Gottesdienst einem Obdachlosenheim oder anderen Menschen geschenkt, die sie brauchen können.

An den agrarischen Gaben wird festgehalten, obwohl sie eigentlich nur noch für eine Minderheit das ausdrücken, was man erarbeitet hat. Aber PC-Ausdrucke oder Maschinenteile machen sich einfach schlecht am Altar. Eigentlich sind die Kürbisse und Weintrauben, die Äpfel, das Korn und die Tomaten ja auch erleichterter Ausdruck eines überstandenen Risikos: Kein Hagel hat sie vernichtet, keine Pilzkrankheit umgebracht, die Blüte war nicht erfroren. Aber selbstverständlich war das eben nicht, und darum soll man jetzt nichts anderes sein als dankbar. Das fällt Katholiken verhältnismäßig leicht.

Allerheiligen

KATHOLIKEN WISSEN GANZ genau, dass die Heiligen, die ihnen vertraut sind bzw. die ganz offiziell heilig gesprochen wurden, nur einen Bruchteil der Menschen aller Zeiten darstellen, die tatsächlich heilig waren und sind. In Wirklichkeit gibt es so viele, dass sie auf keinem noch so umfänglichen Kalender Platz hätten, und wegen all dieser unzähligen und unbekannten Heiligen wird am 1. November das Fest Allerheiligen gefeiert.

Da inzwischen aber nur noch dieser Allerheiligentag in überwiegend katholischen Gegenden ein Feiertag ist und der darauffolgende Gedenktag, nämlich Allerseelen, nicht mehr, wird vielerorts aus den beiden eigentlich getrennten Tagen immer mehr einer. Allerseelen war traditionell der Tag, an dem man der Verstorbenen in Familie und Bekanntenkreis gedachte. An diesem Tag besuchte man die Gräber, schmückte sie mit Blumen und steckte die Grablichter an. Hierzulande ist es eine stille Angelegenheit geworden, fast etwas Meditatives. Oft ist das Wetter schlecht, Spätherbst, kühl, neblig. Man denkt daran, wie man wohl selbst mal im Grab liegt, und betet ein Vaterunser.

In anderen Ländern, etwa in Mexiko, wird das laut und fröhlich gefeiert, mit Picknick zwischen den Gräbern, besonderen Leckereien, Musik und Tanz. Der Tod? Von dem lässt man sich doch keine Angst einjagen. Soll nur kommen.

Urbi et orbi

AUCH VIELE NICHT-Katholiken kennen die Szene: Vom Balkon des römischen Petersdomes aus erteilt der Papst in feierlicher Form den Gläubigen, die sich auf dem Petersplatz davor versammelt haben, seinen Segen. Da dieser Segen aber über unzählige Fernseh- und Radiosender live ausgestrahlt wird, werden von ihm tatsächlich Millionen von Menschen erreicht. Was dem Sinn der Sache ganz genau entspricht. Denn „Urbi et orbi" (Lateinisch, was sonst) bedeutet so viel wie „für die Stadt" (= Rom) und „für den gesamten Erdkreis".

Meist ohne dass die beteiligten Sender es wissen, wird mit dieser weltweiten Verbreitung des päpstlichen Segens ein Anspruch der Katholiken überdeutlich unterstrichen: Wir gehören nicht zu einer lokalen Sekte, sondern wir sind die Christen, die weltweit zu finden sind und keiner nationalen (und schon gar keiner nationalistischen) Puppenwelt angehören.

Der Segen „urbi et orbi" wird unmittelbar nach einer Papstwahl vom neuen Papst und dann nur noch jährlich an den beiden höchsten Festen der Katholiken gespendet: an Weihnachten und an Ostern. So läuft das mittlerweile seit über siebenhundert Jahren ab. Legendär sind dabei die Festwünsche des Papstes in über sechzig Sprachen. Wenn sie die guten Worte auf Arabisch, Chinesisch, Russisch und Kishuaeli hören, fühlen sich Katholiken in ihrer Auffassung bestätigt, wo Multi-Kulti tatsächlich gelungen ist. Man muss wohl bloß katholisch geworden sein ...

Abbildungsverzeichnis

S. 2	Antonio Allegri Corregio: Die Vision des hl. Johannes auf Patmos, 1520–21, Kuppelfresko, Parma, S. Giovanni Evangelista.
S. 6	Leonardo da Vinci: Hl. Johannes der Täufer, 1513–16, Paris, Louvre.
S. 11	Antonello da Messina: Maria der Verkündigung, 1475, Palermo, Museo Nazionale.
S. 15	Carlo Crivelli: Maria Verkündigung mit dem Emygdius von Ascoli Piceno, 1486, London, National Gallery.
S. 20	Michael Pacher: Wolfgangsaltar, Szene: Die Auferweckung des Lazarus, 1481, Salzkammergut, Sankt Wolfgang.
S. 23	Fra Angelico: Empfang im Paradies, um 1432–1435, Florenz, Museum von S. Marco.
S. 28	Hans Burgkmair d. Ä: Johannesaltar, Mitteltafel: Johannes auf Patmos, 1518, München, Alte Pinakothek.
S. 33	Luca Giordano: Der Erzengel Michael stürzt die abtrünnigen Engel in den Abgrund, 1666, Wien, Kunsthistorisches Museum.
S. 37	Georges de La Tour: Beweinung des hl. Sebastian durch Irene, um 1650, Berlin, Museen Preuß. Kulturbesitz Gemäldegalerie.
S. 41	Diego Velázquez: Porträt des Papstes Innozenz X., 1650, Rom, Galleria Doria Pamphili.
S. 45	Paolo Uccello: hl. Georg und der Drache, 1456–1460, Paris, Musée Jacquemart André.
S. 49	Hans Borneman: Heiligentaler Altar, Szene: Bestrafung des Statthalters Ägäas, 1444–1447, Lüneburg, St. Nikolaikirche.
S. 56	Nicolas Froment: Triptychon vom brennendem Dornbusch, Mitteltafel, 1475–1476, Aix-en-Provence, Cathédrale St. Sauveur.
S. 61	Piero della Francesca: Die Taufe Christi, 1448–50, London, National Gallery.
S. 65	Jacopo Bassano: Adam und Eva, Florenz, Galleria Palatina.
S. 71	Raffael: Die Vermählung der Maria, 1504, Mailand Pinacoteca di Breta.
S. 76	Hieronymus Bosch: Der Garten der Lüste, Mitteltafel: Der Garten der Lüste, Detail, um 1500, Madrid, Prado.
S. 79	Konrad Witz: Heilspiegelaltar, rechter Flügel innen, Szene oben links: König Salomo und die Königin von Saba, um 1434–1435, Berlin, Museen Preuß. Kulturbesitz Gemäldegalerie.

S. 87	Gentile Bellini: Das Wunder der Kreuzreliquie, die in den Kanal von S. Lorenzo gefallen ist, um 1500, Venedig, Accademia.
S. 94	Jan van Scorel: Maria Magdalena, 1530, Amsterdam, Rijksmuseum.
S. 99	Hieronymus Bosch: Das Narrenschiff, 1490–1500, Paris, Louvre.
S. 102	Philippe de Champaigne: Exvoto von 1662. 1662, Paris, Louvre.
S. 109	Lucas Moser: Magdalenenaltar, linker Seitenflügel: Meerfahrt der Heiligen, 1431, Tiefenbronn, Sankt Maria Magdalena.
S. 112	Annibale Carracci: Domine, quo vadis?, um 1600, London, National Gallery.
S. 117	Francisco Zurbarán: St Hugo von Grenoble im Kartäuser-Speisesaal, ca. 1633, Sevilla, Museo de Belas Artes.
S. 121	Giovanni Battista Tiepolo: Der hl. Carlo Borromeo, um 1767–1769, Cincinnati, Museum of Art.
S. 126	Hubert und Jan van Eyck: „Die Anbetung des Lammes" (untere Mitteltafel des „Genter Altars"), vollendet 1432, Gent, St. Bavo.
S. 130	Juan Carreno de Miranda: Die Gründungsmesse des Ordens der Trinitarier, um 1660.
S. 135	Nicolas Poussin: Hl. Cäcilie, 2. Drittel 17. Jh., Madrid, Prado.
S. 138	Domenico Fetti: Die Melancholie, um 1620, Paris, Louvre.
S. 145	Michelangelo Caravaggio: Christus in Emmaus, um 1600, London, National Gallery.
S. 152	Anthonis van Dyck: Der hl. Martin teilt seinen Mantel, um 1618, Zaventem, St. Martin.
S. 157	Pieter Bruegel d.Ä., Der Streit zwischen Fastnacht und Fasten, 1559, Wien, Kunsthistorisches Museum.
S. 163	Guido Reni: Betlehemitischer Kindermord, 1611–1612, Bologna, Pinacoteca Nazionale.
S. 166	Francisco de Goya y Lucientes: Das Begräbnis der Sardine, 1812–1814, Madrid, Academia de Belas Artes.
S. 173	Mathis Gothart Grünewald: Verspottung Christi, 1503–1505, München, Alte Pinakothek.
S. 176	Jean Fouquet: Maria mit Kind, um 1450, Antwerpen, Koninklijk Museum voor Schone Kunsten.
S. 182	Albrecht Dürer: Allerheiligenbild, 1511, Wien, Kunsthist. Museum.

Stichwort- und Namenregister

Abendmahl 39
Absolution 18, 58
Abt 96, 110
Abtreibung 74
Advent 158
Äbtissin 96, 110, 171
Aggression 12
AIDS 72
Aktive Sterbehilfe 59
Allerheiligen 183
Allerheiligste, das 83
Allerseelen 183
Altar 91
Altes Testament 42, 47
Amt 106, 108
Anathema 114
Angelus 156
Antiklerikal 74
Antisemitismus 7
Antonius, hl. 17, 44
Apostel 108
Apostolische Sukzession 108
Apollonia, hl. 44
Armut 95, 103, 115
Aschenkreuz 168
Aschermittwoch 168
Askese 44, 53
Aufbahrung 150
Auferstehung 26, 89, 174
Aufnahme Mariens in den Himmel 50, 180
Auge Gottes, das 30
Avantgarde 16
Baldachin 137
Barbara, hl. 29, 159
Barbarazweige 159

Barock 17, 24, 32, 34, 107
Beerdigung 150
Beichte 18, 43, 58
Beichtgeheimnis 27, 54, 82
Beichtstuhl 82
Benedikt, hl. 110
Benediktiner 53
Benediktinerinnen 103
Bibel 17
Bigott 101
Bilder 13, 42, 64
Bildersturm 25
Bildervolk 17, 24, 42
Bischof 73, 108, 114, 118, 119, 171
Bistum 118
Blasiussegen 165
Blumenteppiche 141
Böse, das 14, 47, 60
Bruder 115, 116
Buddhismus 7, 25, 67
Buße 18, 58
Calvin 25
Caritas 12, 52, 153
China 107
Chorgebet 139, 146
Chrisam 60
Christenverfolgung 38
Christi Himmelfahrt 137
Credo 38, 47
Dankbarkeit 181
Demut 46
Depressionen 35, 107, 168

Devotionalien 142
Dialog 8, 9
Diözese 108, 118
Dogma 50, 54, 114
Dominikanerinnen 103
Dreikönig 84, 164
Drittes Reich 21, 59
Effata-Ritus 60
Ehe 43, 68, 70, 75
Eherecht 73
Ehescheidung 73
Ehelosigkeit 67, 103
Ehenichtigkeitsverfahren 73
Eigentum 62
Elisabeth, hl. 17
Engel 32, 66
Engel des Herrn 156
Enzyklika 142
Erbschuld 54
Erbsünde 54
Erntedank 181
Erotischer Stil 78
Erstkommunion 17, 18, 151, 178
Esoteriker 16
Eucharistie 39, 43, 83, 88, 91, 97, 125, 128, 151, 171, 179
Euthanasie 59
Ewiges Leben 64
Ewiges Licht 81
Exerzitien 139
Exkommunikation 54
Exorzismus 48
Exsultet 174
Familie 22

Fasten 46, 78, 144, 172
Fastenzeit 84, 169
Fastnacht 17, 84, 107, 167
Fatima 57
Fegefeuer 64
Florian, hl. 44
Firmung 43, 60
Fisch 144
Fleisch 144, 169
Franziskanerinnen 103
Franziskus, hl. 17, 136, 160
Frömmigkeit 34, 101
Fronleichnam 88, 137, 179
Fundamentalismus 22
Fußwaschung 171
Gebet 34, 115, 154, 156, 171
Gegenreformation 107
Geheimnisse 21
Gehorsam 103, 107
Gelübde 67, 68, 103, 115
Georg, hl. 29
Generalvikar/-in 106, 119
Glöckchen 97, 127
Gnade 31, 60
Gold 95
Gottesdienst 111, 131
Gott essen 127
Gründonnerstag 171
Habit 103, 146
Harmoniebedürfnis 8, 12, 101
Heiliger Abend 160
Heiligenbilder 13, 29
Heiligenverehrung 17, 25, 44, 86, 136, 148, 183

Heiliger Geist 69, 114, 178
Heiliges Gebäck 84
Heiligsprechung 51
Heiraten 68
Helene Kafka, sl. 51
Herrgottswinkel 85, 90
Herz Jesu 34
Hinduismus 67, 154
Hochaltar 91
Hochmut 46
Hochzeit in Weiß 70
Hölle 42
Hoffnung 31
Hokuspokus 97
Homosexualität 75
Horrorfilme 48
Hospiz 59
Hostie 83, 88, 127, 128
Ignatius von Loyola, hl. 107
Index 63
Industrialisierung 34, 153
Inquisition 7
Islam 8, 17, 25
Jakobsweg 149
Jesus 12, 34, 47, 50, 54, 62, 93, 105, 113, 114, 155, 170, 171
Jesuiten 107, 167
Johannes XXIII. 19
Johannes Paul II. 14
Johannes vom Kreuz, hl. 26
Josef, hl. 27, 69
Judentum 42
Jung, C.G. 180
Jungfrauengeburt 54
Jungfräulichkeit 69, 177
Kapitalismus 62

Kardinal 104
Karfreitag 172
Karmelitinnen 103
Karneval vgl. Fastnacht
Katharina, hl. 13, 29
Katholisch 38, 142, 184
Katholische Soziallehre 62
Keuschheit 46
Kinder 66, 74, 78, 151, 170
Kindertaufe 60
Kirchenaustritt 52, 54
Kirchenjahr 53, 124, 158
Kirchenkampf 39
Kirchenrecht 66, 118
Kirchensteuer 52, 106
Kirchentreue 22
Kitsch 13, 147
Klarissen 103
Kleine Schwestern vom Evangelium 103
Klerus 106, 118
Klimakatastrophe 35
Kloster 16, 110, 116, 139
Knien 123
Körperfeindlichkeit 66
Komplet 146
Kommunion 39, 88, 129
Kondom 72
Kontemplative Orden 115
Konklave 104
Kontemplation 26, 110, 115
Konfession 22
Konfessionskriege 39
Konsekriert 128
Konzil 19, 114
Kräuterweihe 180

Krankensalbung 43
Krapfen 84
Kreuz 90
Kreuzfahrer 154
Kreuzschmuck 96
Kreuzverehrung 172
Kreuzweg 155
Kreuzzeichen 85, 122
Krippe 160
Krummstab 108
Kruzifix 90, 93
Kurie 19, 105
Laien 106, 131
Latein 48, 88, 97
Laterankonzil, IV. 50
Laudes 146
Laurentius, hl. 13, 29
Lausbuben 124
Lebensfreude 10
Leib Christi 127, 128
Leichenschmaus 150
Leiden 13
Liebe 66, 67, 68, 75, 77, 78, 153
Litanei 143
Liturgische Farben 124, 133
Lourdes 57, 149
Lust 66
Madonna 36
Magdalena, hl. 105, 136
Magie 53, 86
Maiandacht 177
Mantra 154
Marcus, hl. 86
Marguerite Bays, sl. 51
Maria, hl. 36, 54, 57, 69, 114, 156
Marienerscheinungen 57
Marienmonat 177
Marterl 93

Martin Luther 25, 63, 167
Martin, hl. 17, 136
Martyrium 13, 161
Maryknoll-Schwestern 103
Masochismus 13, 101
Maximilian Kolbe, sl. 51
Meister Eckhart 26
Merengue 78
Mesner/-in 81, 124
Messbuch 124
Messdiener 124
Messe 19, 111, 131
Messgewänder 17, 124, 133
Ministranten 97, 124
Mission 9, 107
Mitra 108
Modern 10, 16
Mönch 48, 103, 116, 139, 146
Monstranz 34, 88
Moral 9, 12, 31, 35, 101
Mystik 26, 88, 179
Nächstenliebe 12
Namenstag 136
Nepomuk, hl. 27
Neujahrsbrezel 84
Nikolaus, hl. 84, 158
Nonnen vgl. Ordenschwestern
Noviziat 68
Ökumene 8, 19, 39
Optimismus 31
Ordensleute 19, 53
Ordensschwestern 72, 103, 128, 146
Orgasmus 66
Orthodoxe Christen 80, 146

Osterfeuer 174
Osterkerze 89, 174
Ostern 39, 84
Osternacht 39, 89, 174
Palmsonntag 17, 170
Papst 14, 40, 51, 73, 113, 142, 184
Papstwahl 104
Paten 60
Pater 118
Paulus, hl. 29, 113
Petrus, hl. 29, 113
Pfarrgemeinderat 106
Pfingsten 178
Pfingstochse 178
Pilgerfahrt 149
Pille 72
Pompa Diaboli 24
Predigt 125
Priester 48, 67, 91, 100, 124
Priestermangel 100
Priesterweihe 67, 100, 108
Protestanten 8, 17, 39, 143
Prozessionen 88, 137
Psalmen 146
Puritaner 78
Rätschen 172
Reformation 25, 39, 154
Reichtum 44, 52, 95
Religiöse Neurosen 57
Reliquien 86, 91
Ritus 17, 80, 122, 172, 167
Rom 114, 149, 184
Rosenkranz 16, 57, 101, 154
Sakramente 43, 68, 108
Salsa 78

Santiago de Compostela 149
Satan 24, 47, 48
Schutzmantel-Madonna 36
Schwarze Messen 47
Schweigen 44, 103, 115, 116
Schwester 103, 115, 116
Sebastian, hl. 13
Seelenamt 150
Segnen 31, 75, 88, 184
Sekten 22
Seligsprechung 51
Sex 53, 66, 67, 69, 73, 77
Sexueller Missbrauch 67
Silvester 84
Sinnlichkeit 80
Sixtinische Kapelle 104
Soldaten Gottes 107
Solidarität 62
Sonntagspflicht 132
Soziales Engagement 52, 153
Sozialismus 62
Stabilitas 110
Stephanstag 161
Sterbebildchen 140
Stille Messe 131
Subsidiarität 62
Sünde 18, 46, 58, 64
Symbol 30, 78, 80, 96, 108, 144
Tabernakel 83, 128
Tango 78
Taufe 24, 43, 54, 60, 85, 136
Teresa von Avila, hl. 90, 136
Teufel 47, 48

Teufelsaustreibung 48
Tischmütter 151
Theater 14, 24, 48, 92, 97, 124, 133, 141, 164, 170
Thérèse von Lisieux, hl. 26
Thomas von Aquin, hl. 12
Tod 13, 64, 183
Todsünden 46
Tote 14, 150
Totengebet 150
Tradition 9, 16, 63
Trappisten 53, 110
Treue 66, 68, 73
Trinität 30
Tschenstochau 57
Unauflöslichkeit 68, 70, 73
Unbefleckte Empfägnis 21, 55
Unfehlbarkeit 21, 40
Unschuldige Kinder 162
Unwürdige Priester 111
Urbi et Orbi 184
Ursula, hl. 27
Ursulinen 103
Vampire 85
Vatikan 19, 39, 100
Vatikanische Kurie 105
Verbotene Bücher 63
Verhütung 72, 74
Verlobung 68
Verschwörungstheorien 103, 104
Vesper 146
Vierzehn Nothelfer 148, 159
Völlerei 46
Wallfahrt 57, 86, 149

Wandlung 97, 125, 127
Wahhabiten 78
Wegkreuze 93
Weihe 43
Weihnachten 160
Weihrauch 80
Weihwasser 85, 92
Weißer Sonntag 175
Wollust 46
Wunden 13
Wunder 9, 86, 149
Zisterzienser 53, 110
Zisterzienserinnen 103
Zölibat 48, 67, 103, 111
Zukunftsangst 35
Zweites Vatikanisches Konzil 19, 63, 91, 97, 114, 116, 124
Zwingli 25

PETER MODLER,
Jahrgang 1955, war einer der Aktivisten in der ökologischen Widerstandsbewegung der 70er Jahre. Das brachte ihm nach dem Ende seines Theologiestudiums ein kirchliches Berufsverbot ein (wofür sich der zuständige Bischof zehn Jahre später entschuldigte). Als Zimmermann arbeitete er jahrelang auf Baustellen in Südbaden und promovierte dann doch noch in Theologie. Von Anfang der 90er Jahre bis 2003 war er in Führungspositionen der Medienbranche tätig und gründete eigene Firmen. Seit 1998 leitet er seine Unternehmensberatung in Freiburg, mit dem Schwerpunkt Sanierung mittelständischer Betriebe und Coaching von Führungskräften. Und katholisch ist er immer noch.